Libérate y Permanece Libre

Cómo identificar y vencer la influencia demoníaca en tu vida

Advantage BOOKS

LIBÉRATE Y PERMANECE LIBRE

DAVID OHIN

Título original: Get Free & Stay Free by David Ohin

Traducido al español por: Rafael Rivas

ISBN: 978-1-59755-633-0

First Printing: April 2021
21 22 23 24 25 26   10 9 8 7 6 5 4 3 2 1
Printed in the United States of America

Tabla de Contenidos

Recomendaciones

Hay una urgente necesidad en nuestros días de ayudar a las personas a recibir sanidad y liberación. Este libro de referencia de David claramente expone las reglas generales útiles para los que reciben liberación y para aquellos que oran para restaurar y rescatar almas de las garras de la enfermedad y los problemas demoníacos.

Esta guía es fácil de leer y describe los principios generales, los cuales la mayoría de miembros de la Iglesia que se dedican en pleno al ministerio del Evangelio para predicar, sanar, y liberar, han notado que ha llegado a ser una realidad cotidiana cuando se ora para liberar a los cautivos. Este manual de referencia invaluable brinda información paso a paso para aquellos que necesitan ver cómo ministrar efectivamente y para aquellos que buscan recibir libertad en Cristo. Una herramienta indispensable para el estante de cualquier ministro ocupado en la obra.

Pastor Brian Hannant

Pastor, Gateway Community Church, Kettering, England

Tengo el gran gozo de habérseme pedido que escribiera una recomendación del libro de David "Libérate y Permanece Libre." Este corto y muy legible libro llegará a convertirse en un arma valiosa para el arsenal espiritual de cualquier cristiano. David aborda y expone cómo los reinos espirituales de la oscuridad trabajan con el fin de impedir a los seres humanos caminar con Cristo como su Salvador, incluido en Su eterna victoria sobre todo aquello que se pone en rebelión y oposición a Dios. Exponiendo cómo se manifiestan y operan, qué portales utilizan para ganar entrada a nuestras vidas, y cómo sus ataduras son destruidas con el resultado de los cautivos siendo liberados; se nos entrega un manual o una herramienta para ayudarnos a ocupar nuestro puesto y defendernos como soldados de Cristo contra demonios y espíritus malignos. Hay una sección particularmente útil para permanecer libre, una vez que una atadura demoníaca ha sido rota, esta con frecuencia es una sección que hace falta en los ministerios de liberación. La declaración de quienes somos en Cristo es realmente afirmante y puede ser declarada por todos nosotros regularmente para mantenernos firmes como hijos de Dios. David también aborda asuntos de sanidad y por supuesto de salvación. Este libro está escrito en términos sencillos y siento que es un éxito. He conocido a David por muchos años y tengo el privilegio de apoyar y seguir su ministerio. David tiene un enfoque sin complicaciones para ministrar al no salvo, al enfermo, y al atado espiritualmente. Para él no hay Nombre más fuerte que el Nombre de Jesús, y en su gentil, pero autoritaria forma, David puede testificar el ver personas salvas, sanadas, y liberadas. Él escribe desde la experiencia, sin rodeos, y estoy seguro que será bendecido y equipado con este libro, regresando una y otra vez a este mientras te unes a ministrar como un embajador del Reino de Dios.

Pastor Mark Taylor
Baptist Minister and Hospital Chaplain, England

Tengo un gozo muy grande por habérseme pedido que escribiera una recomendación para el libro de David "Libérate & Permanece Libre." Este corto y muy legible libro llegará a ser una valiosa arma en el caminar espiritual de cualquier cristiano. Aquí en África llamamos a David uno de los embajadores del Evangelio. Él expone como los reinos espirituales de la oscuridad trabajan con el fin de evitar que los seres humanos caminen con Cristo como su Salvador, y en Su victoria eterna sobre todo aquello que se pone en rebelión y oposición a Dios. Miro muchos predicadores aquí y alrededor del mundo. David es un tipo diferente. A través de su trabajo puedes ver que este hombre tiene el llamado de Dios y Dios lo ha dirigido. Esta es la razón por la cual este libro puede ayudar a muchas personas alrededor del mundo. Este libro nos puede ayudar a todos a mantenernos firmes como hijos de Dios. David también aborda asuntos de sanidad y por supuesto de salvación en el Reino de Dios.

Bishop Dr. Eliah Mauza PhD
Pastor, Endtime Haverst Church
Presidente de The Global Revival Network –África
Director en África del Este de Proclaiming Justice to the Nations
Representante para EEUU de AUGP (Academy Universal Global Peace)
Ex -Secretario de Dodoma Christian Denomination Unity

Prólogo

¿Te sientes atrapado, atado o esclavizado por algún hábito no deseado? ¿O te has dado contra una pared o un obstáculo y te atascaste en el proceso de liberar a alguien? ¿Sospechas de que hay algunas actividades demoníacas y tienes algo de temor para abordarlas? Este libro te equipará y te dará la confianza para enfrentar tu problema. Descubrirás cuáles son los obstáculos y conseguirás las llaves que te ayudarán a lograr tu avance. Verás cuán asombroso es el poder de Jesucristo para liberar a las personas y destruir la obra demoníaca con ejemplos de la vida real.

Los contenidos de este libro son aplicables a ambas tanto para aquel que necesita liberación como también para el que ministra liberación. También es de gran beneficio para las personas que quieren entender la naturaleza de la guerra que se da en el reino espiritual.

El objetivo es ayudar a la persona común a identificar los puntos de apoyo del enemigo en sus vidas, adquirir libertad y permanecer libres. Este libro no tiene la intención de ser un trabajo exhaustivo.

Vamos a ver el cuadro espiritual amplio desde una perspectiva eterna. ¿Cuáles son las metas de la oposición en la batalla espiritual y cómo consigue estas? Vamos a aclarar términos bíblicos y a eliminar los conceptos erróneos. Después veremos los medios usados por los espíritus demoníacos para obtener acceso a un ser humano, y esto incluye, también a verdaderos cristianos nacidos de nuevo o no. Aprenderemos a cómo liberarnos de cualquier influencia demoníaca. Arrojaremos luz sobre lo que pasa antes de que los agentes demoníacos obtengan ventaja y el enfoque lógico de cómo prevenirlo. Maldiciones sobre personas, terrenos y edificios también son cubiertos, el efecto de ello y cómo romperlo. Enfatizaremos en cómo permanecer libre y protegido y abordaremos la sanidad interior. Al final, dedicaremos un capítulo a la sanidad física donde abordaremos algunas de las objeciones que podemos tener. El objetivo es eliminar los obstáculos para que nos sintamos libres y así poder orar por el enfermo.

Introducción

Una señora recibió tratamientos de acupuntura durante ciertas semanas para su insoportable dolor de espalda por 20 años. No era posible para ella llevar una vida normal sin esas agujas ya que el dolor era demasiado intenso. Oramos por ella y ella fue liberada de espíritus malignos. Ella se arrepintió de haber buscado ayuda en la acupuntura (lo cual será explicado más adelante en este libro), ella entregó su vida a Jesús y el dolor de espalda nunca regresó. No necesitó más de la acupuntura.

¡Esto no tiene sentido si se tratara solamente de un mundo físico!

Sé de primera mano, de un hombre cristiano (mi propio padre), sobre como la oposición puso veneno en su bebida lo cual lo pudo haber matado, pero no tuvo efecto en su cuerpo porque él era un creyente y creyó en *Marcos 16:18* ***"… y si bebieren cosa mortífera, no les hará daño…"***

¡Esto no tiene sentido si se tratara solamente de un mundo físico!

Uno de mis amigos, quien era siempre feliz, jugó una vez en su vida con la tabla de la ouija/ güija y desde ese día en adelante, tuvo una intensa depresión hasta que se arrepintió y entregó su vida a Jesús.

¡Esto no tiene sentido si se trata solamente de un mundo físico!

Podría mencionar muchos más ejemplos como estos.

Es importante tener en mente que estamos tratando con una dimensión espiritual la cual no puede ser comprendida por la mente natural.

"Y nosotros no hemos recibido el espíritu del mundo, sino el Espíritu que proviene de Dios, para que sepamos lo que Dios nos ha concedido, lo cual también hablamos, no con palabras enseñadas por sabiduría humana, sino con las que enseña el Espíritu, acomodando lo espiritual a lo espiritual.

Pero el hombre natural no percibe las cosas que son del Espíritu de Dios, porque para él son locura, y no las puede entender, porque se han de discernir espiritualmente" (1ra Corintios 2:12-14)

Hay personas con un problema natural psicológico, físico el cual puede ser explicado y tratado por un psiquiatra. Sin embargo, el mismo problema puede originarse de una fuente espiritual, para lo cual el mismo tratamiento no tiene efecto. Esto se debe a que la causa del problema es diferente. Este libro no está escrito para explicar la creencia en una esfera espiritual, sino que se profundiza en esa creencia ya establecida.

Es importante, no esperar que haya un demonio detrás de todo arbusto, (pero eso no significa que no hay demonios detrás de algunos arbustos). La realidad demuestra que hay más demonios alrededor de lo que nosotros pensamos. Toda persona que he conocido que está involucrada en el ministerio de liberación estará de acuerdo en esto.

Es fundamental entender los elementos básicos de las leyes espirituales. El hecho es que la ignorancia te puede matar. Si un niño ignorante o un adulto altamente educado inserta un tenedor de metal en un tomacorriente eléctrico, el resultado en ambos casos es el mismo. La ignorancia no te previene que seas lastimado. Es exactamente igual con las leyes espirituales. Esta es la razón por la cual es tan vital leer el libro que nos enseña a cerca de estas verdades – La Biblia.

CAPÍTULO 1

No temas enfrentar la batalla

1 – Mis pensamientos personales y mis cargas

Es extremadamente importante para mí compartir algunos pensamientos personales desde el principio. Desafortunadamente, todo este tema es un asunto amplio y muy complicado. No es del todo mi tema favorito, y desearía haber podido escribir sobre otro tema que sea más placentero de escribir y leer. No quise profundizar demasiado, pero mientras me he encontrado con muchas personas que están lidiando con estos "pesados" asuntos, siento que, por el bien de ellos, debía de cubrir esto también. Si eres una persona sensible, te recomendaría que tomes lo que se aplica a ti y te saltes lo que no se aplica. Mi objetivo es hacerlo relevante a las necesidades de todos. Por favor mantén esto en mente mientras continúas leyendo.

La segunda gran carga que tengo es que este es un asunto muy controversial en la sociedad de hoy en día. Quizás escucharás de algunas cosas por primera vez y algunas de ellas te desanimarán o incluso te sorprenderán, simplemente porque quizás nunca habías escuchado de ellas antes. Por favor no tomes esto como una razón para descartar todo lo demás, solo por el hecho de que no estés de acuerdo con uno o dos asuntos o métodos. Hay por supuesto diferentes enfoques y no soy inflexible con ninguno de ellos. He consultado y aprendido de muchos diferentes expertos de diferentes países que han estado involucrados en ministerio de liberación por mucho tiempo. Desde la perspectiva de un trabajo práctico en este ministerio, parece haber un consenso general en aplicar estos principios.

¡Sin embargo, lo que yo NO quiero que sea este libro, es un libro de recetas! A nosotros los humanos nos encantan las recetas y las fórmulas, pero no podemos encerrar a Dios y a las leyes espirituales en una caja y después pensar que ya sabemos, que ya hemos analizado y hemos cubierto todo. No debemos pensar que podemos ir a nuestro libro de recetas y solamente seguir las instrucciones. Yo espero que toda la información que encontrarás en este libro sea de gran ayuda para ti, pero hay algunos temas y áreas en los que intencionalmente no quiero ser tan específico debido al alto potencial de ser malentendido.

La razón original por la cual pensé que debí escribir algo acerca de este tema completo, fue porque he visto que en muchos casos se omite el cuidado post-liberación, no permanecen libres. Si se trata de un problema de ocultismo entonces hasta diría que sin el cuidado post-liberación, es imposible permanecer libre, lo cual me ha confirmado alguien que fue originalmente liberado de espíritus ocultistas. Creo que todo aquel que es liberado permanecerá libre cuando nos tomamos muy en serio el cuidado de post-liberación. En muchos casos, no miré más a la persona y deseé haber podido darle alguna literatura para enseñarle qué hacer después. Esta es la razón inicial por la que escribo este libro.

Todos estamos creciendo en este ministerio y puede que no siempre tengamos una respuesta inmediata a cada pregunta o cada caso, pero a menudo mientras empezamos aplicando lo que ya sabemos, Dios nos mostrará los siguientes pasos.

Mi pasión es ver a las personas liberadas y que permanezcan libres porque creo completamente en Jesús, y que en Su rescate por nosotros, pagó por esto y nada menos que esto.

2 – En terreno de victoria

Es vital para mí empezar poniendo la escena de forma correcta. Antes de que abordemos todo este tema, yo quiero que entiendas que todo el que busca ayuda en Jesucristo está en terreno de victoria. Cuando yo experimenté lo poderoso que es el Nombre de Jesús, quedé tan sorprendido que nunca pude olvidarlo.

La primera vez que experimente esto en mi propia vida fue en África. Yo iba a predicar ese día y los agentes del campo espiritual lo sabían. En esa mañana alrededor de las 5 a.m., experimenté un ataque demoníaco.

Esto nunca me había pasado antes. Muchos espíritus malignos entraron por las ventanas de mi lado derecho y se me acercaron. Los escuché riéndose y carcajeándose como niños pequeños. Yo estaba completamente despierto, esto no era un sueño, yo podía escucharlos como si un humano me estaba hablando a mí, o como si en este caso se estaban riendo de mí. Atacaron mi mente antes de alcanzarme para que no pudiera pensar claramente, y pensé que perdería el conocimiento. En ese momento recordé a un misionero que había experimentado algo similar y clamé al Nombre de Jesús. Tuve suficiente tiempo de hacer eso antes de haber sido noqueado o cualquier otra cosa que pudo haber pasado. Yo clamé "Jesús". Cuando hice eso, instantáneamente todo espíritu maligno fue expulsado y nunca más regresó. ¡Fue como una de las más poderosas explosiones imaginables! Todo se había ido y el aire estaba claro. También, mi mente inmediata y completamente estaba sana de nuevo para poder pensar con claridad. Todo eso pasó en un lapso como de un segundo. Fue tan rápido. Yo estaba sorprendido de lo extraordinariamente poderoso que es el Nombre de Jesús en comparación con el enemigo. Ningún demonio tiene la mínima oportunidad contra Jesús.

Sin importar que tan demonizado estés. Jesús te puede liberar. Algunos casos puede que tomen un poco más de tiempo, ¡pero Jesús tiene el poder de LIBERARTE!

¡No debemos temer a nada! ¡Jesús es más grande y más poderoso! ¡Los espíritus malignos no son rivales para ÉL!

CAPÍTULO 2

De qué se trata realmente

3 – El panorama general de la batalla espiritual

Todos estamos de acuerdo en que estamos en una batalla espiritual. La guerra se trata acerca de las almas de los seres humanos en el planeta tierra. El diablo quiere llevarse con él cuantas almas le sean posible para la eternidad y él lucha incansablemente por cada alma con la ayuda de sus demonios, los cuales son ángeles caídos que se unieron a la rebelión del diablo en contra de Dios. (Isaías 14:12-15; Ezequiel 28:12-17).

Satanás sabe muy bien que los seres humanos nacen en pecado y que su única esperanza es ser lavados de sus pecados por la sangre de Jesucristo y por aceptarle a Él como Salvador y Señor de sus vidas. El diablo sabe que entre más se pueda infiltrar en una persona, más podrá halar a esa persona lejos de Dios y se le hará más difícil que ella busque a Dios para conseguir Salvación. Él utiliza métodos ya probados que han demostrado ser exitosos por miles de años para tentar a las personas a pecar tales como la lujuria por la riqueza, el sexo, el poder o falsas religiones y creencias. A través de todos estos diferentes pecados (de ilusión), él puede persuadirte a que te unas en su rebelión contra Dios. Si tú estás esclavizado por estos pecados ***(el que comete pecado, es esclavo del pecado. –** Juan 8:34**)***, sirves al diablo sin saber que es tu amo (Romanos 6:16), sea que estés consciente de esto o no. Él va tan lejos como puede, atando personas, y trata lo más que puede para obtener todo el acceso posible al interior de la persona, (alma y espíritu) desde donde puede controlarte de una manera mucho más poderosa. Entre más te puede esclavizar, más grande será su éxito para conseguir su meta final y su plan para la eternidad, los cuales son separarte de Dios. El plan final del diablo para tu vida, mientras estás en el planeta tierra, es que le adores a él. ***(...y le dijo: Todo esto te daré, si postrado me***

***adorares.** Mateo 4:9)* y usarte como su herramienta para destruir otras vidas. Es allí donde entran en juego las brujas, satanistas, idolatras, asesinos, ladrones, etc. Algunos están trabajando inconscientemente y otros de manera consciente para el enemigo.

Es por eso que debemos entender que un ser humano consiste en un espíritu, un alma y un cuerpo. El cuerpo es lo más fácil para nosotros de entender porque lo podemos ver físicamente y estudiarlo. La mayoría de los comentaristas concuerdan en que el alma tiene tres dimensiones – que son la mente, las emociones y la voluntad. Estos son profundos temas por si solos los cuales no los exploraremos en este libro. El diablo y sus agentes (los demonios), intentarán infiltrarse a tu ser interior lo que más puedan. Y una vez que han ganado campo en ese escenario, solamente Jesucristo puede librarte. Es allí donde entra el ministerio de liberación.

Te daré un ejemplo de una víctima así para ayudarte a ver como una persona individual encaja en el panorama general. Un día tuvimos una señora en nuestro salón que estaba afectada por algunos demonios después de entrar a una iglesia espiritualista. Tuvimos una conversación acerca de diferentes cosas y en el momento que empezamos a hablar de cómo Jesús puede salvarla, ella literalmente se durmió. En un momento de nuestra visita estaba completamente despierta y al siguiente momento ella estaba dormida en nuestro salón sentada en el sofá. ¿Por qué? Era porque los demonios la habían hecho dormir para que no pudiera escuchar cómo podía ser liberada. Hablamos de otras cosas y ella estaba completamente despierta de nuevo, pero en el momento que volvimos a hablar de Jesús ocurrió de nuevo lo mismo. Si un demonio tiene cautivo a alguien en ese estado, es más fácil para el enemigo retener a esa persona para que no consiga ser salva y trata de perseguir su meta eterna para esa persona.

Quiero describir otra experiencia que tuvimos, la cual demuestra que cada demonización tiene un único propósito y ese es detenerte de venir a Jesús y lograr ser salvo. Mi esposa y yo estábamos en el jardín trasero en una llamada por Skype con alguien. Nuestros chicos estaban jugando en la piscina mientras le explicábamos a esta persona como podía ser salva. Su vida era un gran desastre y solo Jesús podía ayudarle. Después le pregunté si quería entregar su vida a Jesús. Directamente él dijo "no". Él explicó que no estaba listo. Le pregunté si podía orar por él, lo cual él aceptó. Yo empecé a orar y después yo di un giro a la oración y empecé a hablarles a los demonios y los até en el Nombre de Jesús. Después de orar, le hice la misma pregunta otra vez, ¿Te gustaría entregar tu vida a Jesús? Él respondió de forma directa "Sí", y lo dirigimos en oración al Señor y él entregó su vida a Jesús. ¿Cuál fue la diferencia entre antes y después? Los demonios los cuales literalmente lo detenían estaban atados y no podían operar más. Los demonios y sus actividades no solo hacen tu vida miserable, sino que también tienen una meta mucho más grande la cual alcanza hasta la eternidad. Es extremadamente importante entender que Dios le da a cada ser humano completo libre albedrío. Después de que los demonios fueron atados, la persona fue libre de decidir por sí misma. Dios nunca forza a nadie a venir a Él, sin embargo, los demonios detienen a la persona de venir a Dios. Como hemos visto, cuando los demonios tienen control de una persona entonces esa persona no puede decidir y tomar decisiones libremente.

4 – Términos para aclaración

Antes de empezar a ver todo este tema sobre la liberación de ataduras del enemigo en tu vida, necesitamos entender su fundamento. Las personas usan diferentes terminologías y entienden diferentes significados con base a diferentes términos. Si decimos: "Él está poseído por demonios", ¿qué queremos decir con esto? o "¡él necesita liberación!" La pregunta es, ¿de qué necesita liberarse?

Podríamos dividir esto en tres categorías principales:

Opresión

La opresión es "suprimir en diversos grados la libertad de alguien y sus oportunidades por crueldad e injusticia gubernamental." Esta es exactamente la manera en como los espíritus malignos operan cuando ellos oprimen a la gente. La opresión es probablemente la forma más suave de todas porque es más que todo un ataque desde afuera. La palabra "opresión" deriva del verbo en latín que significa "presionar hacia abajo." El enemigo te presiona hacia abajo en algún área de tu vida. Amo el versículo en: *Hechos 10:38* ***"cómo Dios ungió con el Espíritu Santo y con***

poder a Jesús de Nazaret, y cómo este anduvo haciendo bienes y sanando a todos los oprimidos por el diablo, porque Dios estaba con él." La palabra en griego para oprimido significa *ejercer dominio contra.* En el lenguaje bíblico significa que los espíritus malignos ejercen dominio contra una persona. ¡Alabado sea Dios que Jesús vino a liberar a los oprimidos!

Depresión

La depresión es "infelicidad emocional y psicológica a través de estados de ánimo y sentimientos negativos que no permiten esperanza en sus vidas." Esto puede por supuesto también ser un simple desequilibrio químico, pero en muchos casos, hemos encontrado que la fuente de la depresión es demoníaca. Es cuando los demonios te dominan en áreas específicas de tu ser interior. En este caso, el ataque demoníaco tiene lugar dentro de la personalidad humana.

Recuerdo cuando estábamos haciendo evangelismo en las calles, conocimos a un joven que sufría severamente de depresión. Yo inmediatamente supe que esto era mucho más que un desequilibrio químico, sino que un demonio estaba detrás. Oré por él y expulsé el espíritu maligno y después justo allí; algo importante sucedió que yo nunca había visto en un caso de depresión; el joven permaneció inmóvil por un corto tiempo y cuando abrió sus ojos, ¡él era una persona completamente diferente! Él dijo que se sentía como que se acababa de "despertar". Ese rostro brillante me dijo que el demonio lo había dejado. Fue una obra que sucedió en él.

Posesión

La posesión indica que algo es de propiedad total. Si estás poseído por demonios, entonces estás bajo el control del demonio en áreas específicas de tu vida. Tienen una gran influencia sobre ti y pueden controlarte en contra de tu voluntad. En esa área, no tienes más remedio que obedecer la directiva malvada. Esto puede ir desde la participación en pornografía hasta el impulso de cometer asesinato. Antes de cualquier acceso demoníaco al ser humano interior, se lleva a cabo una transacción legal consciente o inconsciente que veremos más adelante. Con la posesión, le entregas ciertas áreas de tu vida al enemigo. Hay muchos grados de posesión. Probablemente raras veces vas a llegar a ver casos tan fuertes de posesión demoníaca como el que presenció Jesús en Lucas 8:26-36; Mateo 8:28-34. Sin embargo, esto no exime a las personas que están poseídas en un grado menor. Todavía ellas necesitan liberación. Los demonios son seres incorpóreos y son más efectivos cuando viven su existencia y realizan obras destructivas en el cuerpo de otra persona. Todos buscan alcanzar las metas de su amo, quien es por supuesto satanás.

El término "posesión demoníaca" viene de Mateo 8:28; 12:22. Algunas versiones de la Biblia de hecho lo traducen "posesión demoníaca" en cambio la expresión en griego simplemente señala "tener un demonio." La traducción "posesión demoníaca" puede ser muy engañosa, ya que da la impresión de que el demonio tiene completo control de una persona. Aún los demonios muy fuertes nunca están al 100% en control completo de la vida de una persona todo el tiempo.

A veces no es posible percibir claramente si una persona está oprimida, deprimida, poseída, atada o bajo maldición. El hecho es que estamos lidiando con la demonización y deseamos que la persona sea libre. No siempre necesitamos comprender los detalles y llegar a un diagnóstico preciso de antemano. Nunca debemos ser inflexibles sobre los términos mencionados anteriormente porque las Escrituras tampoco lo son. Aunque suena muy fuerte, la palabra "endemoniado" es en realidad más precisa en su descripción e incluye todos los grados variables del trabajo del enemigo y no solo la imagen extrema que normalmente nos viene a la mente cuando leemos o escuchamos la palabra.

Entonces, cuando hablamos de liberación, nos referimos a ser libres de cualquier forma de demonización.

CAPÍTULO 3

La entrada de espíritus malignos y la liberación

5 – Resumen general de una liberación efectiva

Antes de analizar los diferentes pasos y fases. Me gustaría exponer cuáles son las fases principales de todo el proceso de liberación. Esto nos dará una mejor comprensión de hacia dónde vamos en esto y por qué cada fase es tan importante.

1. Los síntomas son lo que vemos como evidencia del estado actual.
2. Antes de esto, está el punto de entrada (del mal).
3. Asuntos no resueltos del corazón de la persona que llevaron al punto de entrada.

Por lo general, el trabajo de los demonios, o sus actividades, son sólo los síntomas que sientes en tu vida. Antes de eso, se crea un punto de entrada el cual puede suceder por diferentes medios (como veremos más adelante). Si echamos fuera al espíritu maligno y bloqueamos el punto de entrada, lo habremos hecho bien. Sin embargo, es aún mejor lidiar con la fase que tiene lugar antes de que la puerta sea abierta y antes de que ocurra realmente la demonización. En muchos casos, el punto de entrada es el resultado de una acción prohibida y esa acción es la consecuencia de un problema del corazón que nunca se ha resuelto. Podríamos llamarlo, el problema principal. Por supuesto, esto solo se aplica si la demonización es iniciada por nosotros mismos, lo que, por ejemplo, excluye cuestiones generacionales, etc. (cosas de las que no somos la causa y sobre las que no teníamos control).

Proverbios 4:23 nos enseña esta verdad fundamental; que todos los problemas que tenemos en la vida surgen del corazón. ***"Sobre toda cosa guardada, guarda tu corazón; Porque de él mana la vida."***

Todos entendemos que las empresas tienen una sede y son operadas desde esta. Así ocurre con nuestras vidas, son dirigidas desde el corazón. Entonces, podríamos describir el corazón como la sede y el centro de nuestras vidas. Si las cosas van mal en la sede y se toman decisiones incorrectas, toda la empresa sufrirá pérdidas u obtendrá consecuencias desagradables. Es así, en la vida de un ser humano cuando se toman decisiones equivocadas. En este sentido, el liderazgo es muy importante.

Así mismo, necesitamos averiguar cuáles son las influencias o "directivas" de nuestro corazón. Necesitamos averiguar quién o qué está influyendo en nuestro pensamiento y comportamiento, y si necesitamos reemplazar esas influencias.

No queremos causar un problema que conduzca a un punto de entrada, por eso es tan importante proteger nuestro corazón con toda diligencia como Proverbios nos enseña a hacer. Abordaremos este tema más adelante.

6 – Bases legales o agujeros por los cuales entran los demonios

Es importante comprender que los demonios no son necesariamente el problema en sí mismos, los demonios son las consecuencias. Una característica para tener en cuenta al respecto es que los demonios son muy legalistas. Reconocen que su derecho a entrar en una persona tiene una restricción legal. Un demonio solo puede entrar en una persona, o demonizar a alguien, si tiene el derecho de hacerlo. Por eso es importante eliminar ese derecho para que la persona permanezca libre, lo cual veremos con más detalle, más adelante.

Hay cuatro categorías principales de espíritus: espíritus pecaminosos, espíritus ancestrales, espíritus ocultistas y espíritus heridos.

Aquí hay algunas puertas para que los demonios entren a un ser humano bajo la división de las categorías anteriores:

Espíritus pecaminosos (todos los demonios son pecaminosos)

Sí, el pecado es una puerta de entrada, pero por favor no pienses que cada vez que pecas le abres la puerta a un demonio. Es la práctica continua del pecado que permanece sin confesar, ni perdonar, lo que puede resultar que los espíritus obtengan derechos en alguna área de tu vida, para que puedan operar y controlar. Si practicas, por ejemplo, la brujería o la tabla ouija/ güija solo una vez, te seguirá afectando hasta que recibas la liberación de Jesús.

La pregunta que podemos hacernos en esta etapa es: "¿Por qué el pecado debe abrir la puerta a la demonización?" Necesitamos entender que el pecado es rebelión contra Dios, que el diablo lo inició y a través de él se convirtió en quien es ahora. El juicio sobre él es claro y quiere que todos se unan a su rebelión para que obtengan el mismo juicio. Cuando pecamos, no solo nos unimos a satanás en su rebelión contra Dios, sino que también le ofrecemos adoración. Cuando adoramos a satanás nos hacemos vulnerables a él y sus agentes, los demonios. Una vez que un espíritu tiene acceso a las áreas internas de un ser humano a través de un pecado en particular, por ejemplo, la pornografía, esto permitirá que ese espíritu cree presión en el área de la pornografía a tal grado que la persona parezca incapaz de controlarlo más. Esto se debe a que la tentación ocurre de una manera mucho más fuerte. En la mayoría de los casos, la persona no sabe que otro poder está activo y piensa que él es responsable de estos impulsos extremos de pecar. Pondrá pensamientos en ti para que pienses que son tus propios pensamientos. Esta es una forma mucho más poderosa de desviarte que lo que sería atacarte desde afuera. Solo Dios puede librarte de eso.

El rehusarse a perdonar

Es increíble la cantidad de personas que luchan con este problema. Lo primero que debemos saber es que el perdón es el resultado de una decisión y también puede involucrar un proceso. Tu principal razón para venir a este lugar de perdón es simplemente porque Jesús te perdonó completamente (si realmente eres un cristiano nacido de nuevo) y por lo tanto Él desea que tú también perdones a los demás. Mateo 6:14-15 claramente nos enseña acerca de esto: ***"Porque si perdonáis a los hombres sus ofensas, os***

perdonará también a vosotros vuestro Padre celestial; mas si no perdonáis a los hombres sus ofensas, tampoco vuestro Padre os perdonará vuestras ofensas" Jesús mismo demostró el perdón de la manera más poderosa cuando oró: ***"Y Jesús decía: Padre, perdónalos, porque no saben lo que hacen."*** (Lucas 23:34). Cuando oramos de la misma forma que oró Jesús – "Padre, perdónalos..." Porque al no hacerlo entonces actuamos como la persona que no perdonaba en Mateo 18:23-35. La falta de perdón es una gran plataforma para los espíritus malignos.

La amargura

La amargura puede fácilmente contaminarnos y causar muchos problemas. ***"Mirad bien, no sea que alguno deje de alcanzar la gracia de Dios; que brotando alguna raíz de amargura, os estorbe, y por ella muchos sean contaminados"*** (Hebreos 12:15) no solo en nuestras propias vidas, sino también en la vida de los demás. La amargura puede crecer lenta o rápidamente y, si no la tratamos, puede convertirse en una puerta potencial para que el enemigo acceda.

El enojo

Si persistimos en el enojo abrimos la puerta a la actividad satánica. El enojo, por un lado, puede considerarse como una reacción justa en todas sus diversas formas. Un ejemplo de enojo controlado se encuentra en Marcos 3:5. ***("Entonces, mirándolos alrededor con enojo, entristecido por la dureza de sus corazones, dijo al hombre: Extiende tu mano. Y él la extendió, y la mano le fue restaurada sana.")*** En ese instructivo texto se dice que Jesús estaba enojado y afligido por la dureza farisaica del corazón. La reacción de Jesús puede considerarse un caso clásico de indignación justa sin pecado.

Por otro lado, es probable que la justa indignación de nosotros los pecadores mortales se deteriore rápidamente a un estado de enojo pecaminoso. Por lo tanto, se nos advierte en Efesios 4:26-27: ***"Airaos, pero no pequéis; no se ponga el sol sobre vuestro enojo, ni deis lugar al diablo."*** no permitir que el sol se ponga sobre nuestro enojo. En este contexto, se puede decir, que ir a dormir de mal humor, probablemente permitirá al diablo aumentar nuestro enojo ¡al máximo!

La rebelión (Proverbios 17:11)

La rebelión es una resistencia voluntaria. Muchas veces, se remonta al rechazo, por ejemplo, ser la oveja negra de la familia. La rebelión está vinculada a la brujería (*"**Porque como pecado de adivinación es la rebelión, y como ídolos e idolatría la obstinación.**"* 1ra Samuel 13:23) Ahí es donde operan los espíritus de la brujería. También hay algo llamado "Rebelión pasiva", es cuando una persona se resiste, pero no lo muestra exteriormente. Estas personas tienen la actitud de "Lo haré a mi manera" o "Lo haré bajo mis términos" o "Lo haré a mi tiempo" o "Lo haré cuando se me apetezca." La persona no siente que se rebela porque se ha acostumbrado a eso. Suelen ser personas egoístas que no son muy agradables.

El aborto

Un aspecto importante que debemos tener en cuenta cuando analizamos el aborto es el hecho de que, en general, la gente está confundida sobre el momento en que un ser humano viene a la existencia. Hay muchas opiniones diferentes al respecto porque el que a menudo está detrás de los medios, (satanás) quiere que la gente crea que la persona a la que vas a matar no es realmente una persona, sino simplemente un "eso", un "feto". Una vez que las personas aceptan esa creencia, inicialmente pueden matar bebés sin ningún problema. Necesitamos apreciar que una vez que el espermatozoide se unió al óvulo, tenemos un ser humano. Todos los diferentes argumentos de los pro-abortistas acerca de cuándo comienza la vida se basan en la conveniencia secular en contraposición a la realidad de la verdad espiritual. No importa cuán subdesarrollada esté la persona, el espíritu y el alma de la persona ya reside en ese ser humano.

Muchas mujeres que han abortado a un bebé a menudo experimentan dolores atormentadores más adelante, que el enemigo usa como herramienta para condenarlas. Muchas mujeres luchan contra una culpa terrible de la que nunca pueden deshacerse durante décadas después del aborto. Cuando se saca el tema, se descubren emociones profundas que las llevan a la desesperación oscura.

Por lo general, la madre que fue sometida a un aborto también necesita ser liberada del dominio de la muerte porque si queda embarazada nuevamente, el niño recién nacido podría, como resultado, nacer también bajo ese dominio de la muerte. Con esto quiero decir que la madre y los hijos nacidos después pueden tener que luchar contra pensamientos suicidas o cualquier cosa relacionada con la muerte.

¡Todo este tema es muy delicado! Si te encuentras en esta posición, quiero que sepas muy claramente que existe una solución para todo el acto del aborto. Si te arrepientes con un corazón sincero, la sangre de Jesucristo te limpiará de toda culpa, perdonará tu pecado y te justificará como si nunca hubieses tenido un aborto. Entonces también puedes romper el dominio de la muerte que está detrás del aborto en el Nombre de Jesús. Si ya ha tenido hijos después del acto del aborto, usted (o alguien más) puede orar por usted y su hijo, para que rompan el dominio de la muerte en el Nombre de Jesús.

Relaciones extramatrimoniales

Las relaciones sexuales con alguien fuera de su propio matrimonio están claramente en contra de la ley establecida por Dios. En ese acto, está sucediendo algo significativo que no podemos ver en el ámbito físico. Se establece un vínculo espiritual entre ambas personas que se denomina "atadura del alma." No es solo una unión física, sino también una unión de alma y espíritu. La Biblia lo explica como "dos se hacen una sola carne" (Génesis 2:24; Mateo 19: 5; Marcos 10: 8; 1ra Corintios 6:16; Efesios 5:31). Si esto sucede entre una pareja casada, se establece un vínculo saludable que es bíblico. Un esposo y una esposa se están uniendo para convertirse en una sola carne. Sin embargo, si este acto tiene lugar fuera del matrimonio, entonces podríamos usar la palabra "una esclavitud" y esto se crea entre los dos, lo que es una atadura dañina del alma. Después de esa transacción espiritual, la influencia demoníaca se puede transferir literalmente a la otra persona. Por ejemplo, si la mujer había estado involucrada con la tabla de la ouija/ güija y sin querer se vio afectada por una forma de demonización, entonces esto puede transferirse a través del canal establecido al hombre con el que tuvo relaciones sexuales. Las "ataduras" y el "estar atado" (en este caso, las ataduras del alma) siempre deben ser rotas y eliminadas por la sangre de Jesucristo para poder ser liberados.

Los pecados sexuales

Hay diferentes pecados sexuales, como tener sexo con animales (bestialismo), o parientes cercanos incesto (hermana, hija, hermano, hijo, suegra, etc.) ver Deuteronomio 27:21-23; Levítico 18:23. Otros pecados como la sodomía o cualquier tipo de perversión sexual, incluso dentro del matrimonio, pueden convertirse en un punto de entrada demoníaco directo. Los resultados de lo anterior pueden ser cosas como sufrir confusión sobre su propia sexualidad, sentirse atraído por el mismo sexo, volverse impotente o actuar como el sexo opuesto, etc.

Si se produce un abuso sexual, no importa cuán leve o profundo sea, esto puede crear un punto de entrada para una forma de demonización. Incluso si la víctima era un niño pequeño y olvida ese evento en particular (que puede estar enterrado entre todos los demás eventos de su infancia), los demonios no lo olvidan. Puede manifestarse durante los años de la pubertad o incluso salir a la superficie una vez que él o ella se casan, lo que resulta en una gran incomodidad o miedo de tener una relación normal entre marido y mujer. A menudo, no se descubre que esto es una consecuencia del hecho que fue abusado cuando era niño. No se puede mejorar una relación sexual disfuncional por medio de métodos humanos como el asesoramiento, etc., porque la raíz de esta es un problema espiritual. Los métodos humanos pueden ayudar o aliviar temporalmente, pero nunca brindarán una solución duradera.

Las películas sucias/ fotos pornográficas

Si miras algo como material pornográfico o una película sobre brujería, la puerta de tu ojo está abierta de par en par y, sin querer, puedes ser afectado por una forma de demonización de esa manera. Hay multitud de personas que se han convertido en víctimas al observar o mirar cosas. No estoy diciendo que cuando miras a tú alrededor y ves cosas sucias o desagradables, un demonio flota dentro de ti, pero cuando te entregas a algo y te abres con deseo, ahí es cuando se vuelve peligroso.

Las drogas / alcohol

Además de una adicción, también puede producirse una forma de demonización e intensificar el problema. Una vez escuché la historia de alguien cuyos ojos se abrieron en una visión de los reinos espirituales donde pudo ver a un demonio que insertó un enchufe que estaba conectado a su deseo de alcohol. Tan pronto como lo enchufó, sintió esa tremenda necesidad de alcohol. Estaba tan conmocionado por la visión que abordó las raíces del problema y alcanzó la libertad. (No puedo verificar esta historia, pero la escuché relatada por un predicador piadoso al que respeto mucho y coincide con lo que creo). Dios siempre desea que tengamos una mente sana y no quiere que seamos afectados por las drogas o el alcohol y que devaluemos nuestra mente de esa manera. ***("Porque no nos ha dado Dios espíritu de cobardía, sino de poder, de amor y de dominio propio."*** 2da Timoteo 1:7)

Los juegos de computadora

Esto puede sonar extraño, pero cosas como los juegos ocultistas pueden ser peligrosos. Si te identificas con un personaje incorrecto, falso y pecaminoso, entonces puede tener poder sobre ti. Se trata de la imaginación lujuriosa, que encontramos en Mateo 5:28 ***"Pero yo os digo que cualquiera que mira a una mujer para codiciarla, ya adulteró con ella en su corazón."*** Si te identificas con el personaje y deseas ser como él, o tener su poder, entonces puede llevarte al pecado y puedes abrir un punto de apoyo a los espíritus malignos en tu vida. No estoy diciendo que los juegos de computadora abran las puertas a los espíritus malignos, pero estoy diciendo que ciertos juegos combinados con tu voluntarioso mundo imaginario, de acuerdo con las Escrituras anteriores, definitivamente pueden convertirse en un punto de entrada espiritual demoníaco.

Estos pecados están invariablemente relacionados con eventos. Y después de tal evento, las cosas pueden tomar un giro espiritual donde lo demoníaco se activa.

Cuando recurres al diablo, por ejemplo, para hacerte rico o tener éxito, él te lo dará, pero el precio por ello siempre es enorme en comparación con los beneficios. La mayoría nunca querría el llamado "beneficio" en primer lugar si supiera cuál sería el precio después. La mayoría de las veces, la persona no sabe exactamente cuál será el precio. Es como la letra pequeña del contrato que acordó cuando lo firmó pero que no leyó. Esta es una acción legal en el mundo espiritual. Una cosa es segura, el tiempo de pago siempre llega.

Las adicciones

Con cualquier forma de adicción, es importante averiguar cuál es la raíz de ella. Por ejemplo, si alguien quiere dejar de fumar y la causa de fumar en primer lugar proviene del rechazo, entonces tiene sentido mirar primero el rechazo y lidiar con él. Hay muchas causas diferentes como el odio, el miedo, el control, el abuso, los problemas sexuales, el divorcio o los problemas de relaciones, etc.

Los espíritus ocultistas

Estos suelen ser espíritus más obstinados y más poderosos que los de las otras categorías, especialmente si la gente se ha rendido conscientemente al diablo como bruja, brujo o satanista, etc. Toda relación con estos espíritus siempre conduce a pecados mayores y más peligrosos. Incluso si al principio, los espíritus malignos solo te llevan a pecados menores donde todo puede parecer muy inofensivo, siempre te empujarán a cometer pecados peores y mayores. Cuánto mayores son los pecados, más poder tienen sobre ti.

Las organizaciones ocultistas

Por ejemplo, los masones adoran a un dios llamado "Jabalón", que incorpora los nombres de Baal y la diosa de la fertilidad de Egipto. La masonería, por lo tanto, cae bajo el título de idolatría. La idolatría es una abominación para Dios. Los mandamientos nos advierten que los pecados de los padres en este respecto recaerán sobre los hijos durante tres o cuatro generaciones (Éxodo 20: 4-5). Luego, el mormonismo, los seguidores de cienciología y otras organizaciones ocultas, todos entran en la misma categoría. Incluso si la persona nunca se ha unido a una organización de este tipo, se verá afectada. Los votos y maldiciones que toman al unirse o participar en estas cosas se aplican a ellos mismos y a sus familias, dando paso libre a la demonización.

El ocultismo

Este es un término muy amplio. Es básicamente la práctica de una fuente de poder que no es Dios. Eso significa que la fuente siempre proviene de los demonios. La palabra "oculto" proviene directamente de la palabra latina "occultus" que significa: "escondido, oculto, secreto". Así es exactamente como satanás opera en este mundo. Quiere permanecer oculto para que nadie se dé cuenta de que realmente existe. El enemigo trabaja en secreto y engaña a una gran multitud con lo oculto. Una vez que las personas están atrapadas en lo oculto, permanecerán atadas hasta el final de sus vidas a menos que acudan a Jesús en un intento por liberarse. No solo eso, sino que sus hijos también sufrirán consecuencias (Éxodo 20:5; 34:7; Números 14:18).

Estamos hablando de cosas como brujería, yoga, magia negra, magia blanca, hechicería, vudú, artes marciales, cartas del tarot, adivinación, consultar a los espíritus de los muertos, adivinación, nueva era, lectura de la palma de la mano, tabla de la ouija/ güija, astrología, tarjetas de ángeles, etc.

Me gustaría mencionar además, la nueva era y el yoga en esta categoría, ya que se han vuelto muy populares. La nueva era se originó en los años setenta y su objetivo es unificar el mundo. Los de la nueva era, creen que Dios es todo y que todo es Dios (panteísmo). Creen en el universalismo (todas las religiones son caminos alternativos al mismo dios y, por lo tanto, toda la humanidad eventualmente se salvará). Esto, por supuesto, es lo contrario de lo que enseñan las Escrituras. ***("Jesús le dijo: Yo soy el camino, y la verdad, y la vida; nadie viene al Padre, sino por mí." Juan 14:6).*** La creencia de la nueva era es básicamente una creencia oculta antigua actualizada para una práctica moderna. El objetivo de practicar yoga es ganar autocontrol, relajación y mejor salud a través de poses físicas que incluyen cuerpo y mente. La palabra "yoga" es una de las palabras más antiguas de la religión hindú derivada de la raíz sánscrita "Yuj", que significa "juntarse" o "enyugar algo" o "unir". El yoga aplicado conduce a una unión con un "dios" de una manera que te enyugará a él.

Usted logra esta unión perdiendo su identidad individual y ganando la universal, que es exactamente contra lo que nos advierte la Biblia. Necesitamos estar sobrios y no dejar la mente en blanco. Las Escrituras nos enseñan en muchos lugares lo importante que es ese aspecto. A continuación, presentamos algunos:

"Sed sobrios, y velad; porque vuestro adversario el diablo, como león rugiente, anda alrededor buscando a quien devorar" (1ra Pedro 5:8)

"Por tanto, ceñid los lomos de vuestro entendimiento, sed sobrios..." (1ra Pedro 1:13)

"Mas nosotros tenemos la mente de Cristo." (1ra Corintios 2:16)

Es imposible que el yoga se separe de sus raíces hindúes, ya que no se puede separar la rama de la raíz, es el mismo árbol. El yoga puede parecer muy inofensivo a primera vista, pero si profundiza y hace su verdadera investigación, descubrirá que el yoga es una adoración de demonios inteligentemente disfrazada y no tiene nada que ver con el verdadero Dios de la Biblia.

Por el contrario, la meditación bíblica, que es muy provechosa y te acerca al verdadero Dios Todopoderoso de la Biblia, se realiza involucrando la mente activamente en la Palabra de Dios. Si, por ejemplo, tomas un versículo de la Biblia, lo lees varias veces, oras al respecto, lo piensas y lo "masticas" en tu mente, esta meditación es exactamente lo opuesto a dejar en blanco tu mente.

"Por lo demás, hermanos, todo lo que es verdadero, todo lo honesto, todo lo justo, todo lo puro, todo lo amable, todo lo que es de buen nombre; si hay virtud alguna, si algo digno de alabanza, en esto pensad." (Filipenses 4:8)

Si deseas ver otros peligros potenciales, al final del libro hay una lista más extensa. (Es importante que comprendas que no es un principio de "libro de texto" que cuando haces esto, siempre el resultado es aquello. Sí, a menudo puedes darte cuenta, pero puede tener diferentes efectos y diferentes niveles de peligro). Con solo participar en muchas de estas cosas una vez puedes ser demonizado inmediatamente en un área de tu vida, como usar cartas del tarot, visitar a un espiritista o participar en brujería, etc. Incluso participar en juegos solo por diversión como Calabozos & Dragones, mesa basculante o juegos de espejo como María sangrienta y otros tienen un gran potencial de peligro. Por otro lado, hay cosas que pueden no afectarte de inmediato, sino solo cuando las aceptas en tu corazón y te sometes a ellas. Entonces también hay una diferencia entre practicar algo tú mismo o acudir a una persona, o cuando una persona viene a practicarlo contigo. De acuerdo con la ley espiritual, es básicamente lo mismo, excepto si alguien viene a ti y, por ejemplo, comienza a adivinar sobre ti, esto me pasó una vez en la calle.

Tienes la opción de aceptar o rechazar lo que dice el adivino. Si lo aceptas, automáticamente quedas bajo su autoridad, pero si lo rechazas, no lo haces. La mayor parte de lo que le dice el adivino puede ser cierto, por ejemplo, eventos o situaciones de la vida actual. Estas cosas son muy fáciles de conocer para los espíritus malignos, ya que pueden moverse por esta tierra y estudiar y observar a la gente. Pero siempre hay una parte que es la agenda del diablo para tu vida. Por ejemplo, podría decir: "Veo un accidente automovilístico que se avecina" o "Tu matrimonio se derrumbará" o "Te enfermarás", etc. Si te sometes en tu corazón a lo que se dice sobre ti y lo aceptas como verdad, el enemigo tiene el derecho legal de llevarlo a cabo. Si lo rechazas, entonces estás a salvo.

En este momento, no puedo dar un ejemplo de cada elemento de la lista incluido al final de este libro, pero si comprendes el principio, puedes evaluar por ti mismo dónde puede volverse peligroso. Sin embargo, el consejo más fuerte que te podría dar es que te mantengas alejado y no juegues con fuego para que no te quemes.

Prácticas de medicina alternativa

Este tema, por supuesto, también cae en el ocultismo, pero lo enumeraré por separado para que no se pierda en la larga lista al final del libro.

Una mujer que tuvo una infancia compleja se vio afectada por un dolor de espalda crónico y debilitante. Habiendo rechazado a Dios y la ayuda que Él podría haberle proporcionado, se dirigió a un sanador de cristal. Después de eso, se alivió del dolor. Luego, característicamente, el diablo, que era responsable de los dolores en primer lugar, transfirió los dolores a otra área de su vida, específicamente, a la mente, siguió un rápido declive mental. En una etapa posterior, la mujer se dio cuenta de como su participación en las prácticas y la cienciología de la nueva era había brindado una excelente oportunidad para que el enemigo explotara su condición al máximo. Su memoria y su proceso de pensamiento se deformaron seriamente, por lo que perdió la capacidad de reflexionar con claridad. Fue entonces, cuando Dios intervino en su favor con una dosis constructiva de convicción y ella tuvo el buen sentido de arrepentirse de su pecado y rompió su apego a la Nueva Era y la cienciología. Luego, el dolor de espalda regresó con más fuerza, con venganza. Una vez más, el Señor, misericordiosamente, vino a rescatarla con una sanidad eficaz. El poder del enemigo se rompió y la mujer entregó su vida al Señor. Su dolor de espalda fue desterrado permanentemente y disfrutó de salud y sanidad a través de un caminar diario con Dios.

Muchas personas enfermas primero van en busca de ayuda médica y cuando eso no ayuda, algunos buscan formas alternativas. Si está gravemente enfermo o sufre mucho dolor, entonces está preparado para probar cosas que de otro modo ni siquiera consideraría. Muchas formas alternativas son totalmente buenas, inofensivas y efectivas, pero también hay muchas vías que son peligrosas e inseguras para su alma. Inicialmente pueden verse muy bien e incluso podría experimentar bienestar corporal, pero el precio que paga con las consecuencias es siempre mucho mayor que el alivio actual que recibió. Uno muy popular es la "acupuntura". Proviene de la antigua China y fue practicada por sacerdotes y médicos taoístas que tenían sus raíces en la religión taoísta pagana. El hecho de que funcione no lo hace correcto y seguro. La parte peligrosa es el efecto secundario espiritual. Sin embargo, me he enterado de que existe una práctica puramente científica de la acupuntura que no está relacionada con el reino espiritual. Este método es menos eficaz, lo que destaca aún más las implicaciones espirituales de la acupuntura para que sea "eficaz". Debes tener en cuenta que no siempre es fácil discernir cual es cual.

Muchos de estos médicos alternativos pueden ignorar por completo los poderes que se esconden detrás de los tratamientos que ofrecen. Su integridad no está en duda. Tienen buena intención y lo han visto funcionar. Me he encontrado con muchas personas que recibieron ayuda corporal de tales fuentes y luego se produjo una gran depresión y las cosas comenzaron a desmoronarse en diferentes esferas de sus vidas. En otros casos, un espíritu de enfermedad entró en su vida y provocó muchas otras enfermedades. Muchas personas en esta categoría experimentan tortura interior y solo pueden ser liberadas por la sangre de Jesús.

Recuerda cómo trabaja el enemigo, tiene objetivos mucho más amplios para tu vida que van a la eternidad.

Si alguien ha sido demonizado al ser sanado de esa manera, y luego decide venir a Cristo y se salva, arrepintiéndose de su pecado (incluido el de buscar ayuda del diablo), entonces la enfermedad original a menudo regresa de manera inmediata y vigorosa. El poder del enemigo es roto y Dios ahora puede sanar adecuadamente.

Con algunos de los métodos de curación, es posible que al principio no les veas nada de malo, pero solo cuando profundices e investigues más, descubrirás cosas inesperadas que quizás no hayas sabido antes. (Por favor, vea la lista al final del libro).

Espíritus ancestrales

Iniquidad generacional

La iniquidad generacional puede provenir de generaciones anteriores (Éxodo 20:5; 34:7; Números 14:18). Esto se puede transferir desde el vientre. Es literalmente el resultado de un estilo de vida pecaminoso o las acciones pecaminosas de alguien anterior. Dios no es injusto, pero el estilo de vida pecaminoso está grabado profundamente en las células y los genes.

Hemos conocido de familias en las que los padres han tenido una adicción particular con obvias mayores consecuencias. Los niños odiaban esto y no querían terminar como sus padres, pero años después, se encuentran a sí mismos en el mismo camino.

Sé que esto puede parecer injusto, pero como podemos ver en nuestra vida cotidiana, todos sufrimos diversas consecuencias en algún grado u otro del comportamiento pecaminoso de otras personas. Esto se debe a que vivimos en un mundo caído. Por ejemplo, todos conocemos situaciones en las que los niños nacen con una enfermedad que les ha sido transmitida por sus padres. Esto también puede considerarse como una ilustración física de lo que puede suceder en el ámbito espiritual.

Por otro lado, la Biblia nos enseña que se pueden transmitir bendiciones de generación en generación durante mil generaciones ***"Conoce, pues, que Jehová tu Dios es Dios, Dios fiel, que guarda el pacto y la misericordia a los que le aman y guardan sus mandamientos, hasta mil generaciones." (Deuteronomio 7:9)*** También tenga en cuenta que Dios siempre desea que todos sean libres y salvos y nos enseña claramente en Su Palabra cómo puede suceder esto. El corazón de Dios es perdonar y mostrar misericordia y quiere liberarnos de estas consecuencias. Aquí es donde entra el ministerio de liberación junto con la sanidad interior que mencionaremos más adelante.

Espíritus heridos

Traumas / Shock

Esto puede sonar extraño, pero los espíritus malignos pueden acceder a un ser humano en una situación que involucre un shock o un evento traumático. El trauma a menudo abre la puerta para que lo demoníaco aproveche ese dolor instantáneo en el que los humanos son extremadamente vulnerables. Es por eso que algunas personas no pueden dejar de lado una experiencia particularmente dolorosa que tuvieron, después de haber experimentado una situación impactante. Es un poco como una herida física. La suciedad que ingresa a la herida puede causar una infección. A veces, esto puede poner en peligro la vida cuando pasa al torrente sanguíneo. Es similar con los problemas psicológicos, puede comenzar como una pequeña herida emocional que puede servir como entrada para los espíritus malignos, permitiéndoles tener influencia y detener la curación de la herida. Muchas veces, los traumas pueden ocurrir incluso en el útero o en la niñez. Estamos en un mundo caído donde satanás está reinando y es un luchador muy sucio, explotando a cada ser humano que viene bajo su influencia directa.

Si estamos seguros en el amor de Dios por nosotros y usamos la armadura de Dios, entonces no nos puede pasar nada en el día malo, ni siquiera en una situación que resulte en trauma o conmoción. ***"Por tanto, tomad toda la armadura de Dios, para que podáis resistir en el día malo..." (Efesios 6:13)***

Rechazo / heridas / abuso

Muchas personas luchan contra los sentimientos de rechazo. A menudo, las personas que son concebidas como un supuesto "accidente", luchan con una obsesión por el rechazo. Los bebés que sobreviven al aborto pueden sentir lo mismo. El rechazo es una forma de abuso. Las personas que han sufrido abusos tienen una autoestima muy baja. Todas estas cosas no tendrían sentido si no hubiera una ley espiritual y un mundo "espiritual" detrás de todo. El abuso, el dolor y el rechazo pueden convertirse en una puerta de entrada para que el enemigo explote a una persona, provocando mucho dolor y angustia en la vida. Desafortunadamente, aunque no es culpa de la persona abusada, la víctima puede quedarse con la necesidad de ser liberada debido a las acciones del abusador. Si una madre concibe y realmente no quiere al niño, entonces rechaza al bebé que ya está en el útero. El espíritu / alma del bebé puede sentir ese rechazo. Es muy importante ser consciente de esta dimensión espiritual para comprender el problema real de alguien. Además, debemos ser conscientes del hecho de que cuando la madre rechaza al niño, el enemigo lo reclama. Él sabe que cuanto antes pueda establecer cualquier tipo de atadura en un niño, más difícil será para esa persona venir a Cristo algún día. Es importante que los padres tomen en serio su responsabilidad espiritual y actúen como una cobertura para sus hijos porque el enemigo siempre busca a los más débiles para explotarlos. Lo hacen aceptando plenamente a sus hijos y amándolos incondicionalmente sin importar el género y la personalidad que tengan y criándolos con respeto y disciplina piadosa.

Este tema podría ser un libro en sí mismo. Muchas personas luchan con el rechazo y miran e interpretan situaciones y personas a través de los lentes del rechazo, obteniendo una visión falsa y distorsionada. La raíz de esto a menudo se remonta a una situación en la que alguien te ha lastimado. Puede que haya sido un acto intencional o no intencional de otra persona, pero el hecho es que te lastimó. Sé de un niño que, cuando tenía aproximadamente cuatro años, fue lastimado gravemente por otros niños pequeños de su edad varias veces seguidas. Desde entonces ha construido un muro y en cuanto alguien le dice algo de forma correctiva, se siente atrapado y rechazado. Esto resulta en una reacción defensiva. Es de vital importancia, enfrentar la situación nuevamente y perdonar a esas personas y luego pedirle a Jesús que sane esa herida. A esto se le llama sanidad interior. Lo veremos brevemente más adelante.

7 – ¿Pueden los cristianos tener demonios?

Aquí es donde muchos cristianos están divididos en opiniones. Hagámonos esta pregunta de una manera aún más aguda: ¿Cómo puede un cristiano tener el Espíritu Santo y un demonio al mismo tiempo? Por supuesto, esto suena totalmente imposible.

El problema es que esta es la pregunta incorrecta. Lo primero que debemos examinar aquí es, ¿qué queremos decir realmente con la pregunta? "¿pueden los cristianos tener demonios?" ¿Hay demonios en nuestro espíritu o en nuestra alma, o en nuestro cuerpo, entre nuestra alma y nuestro cuerpo, o entre nuestro espíritu y nuestra alma? Esto es esencial para entender, de lo contrario, la respuesta nunca tendrá sentido.

Es lo mismo que decir, "¡porque un cristiano tiene el ESPÍRITU SANTO, no puede enfermarse!" El ESPÍRITU SANTO es el representante de Jesús aquí en la tierra en poder y sanidad, etc. Si Él vive en un cristiano, entonces podríamos preguntar con razón ¿Cómo puede vivir la enfermedad en ese mismo cuerpo donde vive el ESPÍRITU SANTO? Pero, por supuesto, estamos de acuerdo en que los cristianos pueden enfermarse.

Cuando naces de nuevo, la Biblia nos enseña claramente en 2da Corintios 5:17 *("**De modo que si alguno está en Cristo, nueva criatura es; las cosas viejas pasaron; he aquí todas son hechas nuevas.**")* que instantáneamente te convertirás en una creación totalmente nueva. ¡Lo viejo se ha ido! ¡Alabado sea el Señor! ¡Qué fantástica noticia! Antes tu espíritu estaba muerto (Efesios 2: 1; 2: 5) pero ahora estás vivo. Sin embargo, no debemos olvidar que al mismo tiempo tenemos otras áreas en un ser humano que necesitan ser cambiadas y renovadas. Se les llama voluntad, mente y emociones. Según Romanos 12:1-2, estas áreas también necesitan ser cambiadas y transformadas. Este es un proceso continuo y no es tan instantáneo como cuando el espíritu cobra vida cuando somos salvos (aunque anhelamos que así sea). También hay otras áreas donde los espíritus malignos pueden esconderse.

Si tienes un demonio, entonces tienes algo así como "un error espiritual" que crea un problema y una presión en tu vida y esto magnifica los problemas que ya existen, lo que te dificulta superarlos. Los espíritus malignos no poseen a los cristianos. Esto se debe a que su espíritu está sellado con el ESPÍRITU SANTO para el día de la redención (Efesios 1:13; 4:30). Recuerde que "ser poseído" significa "ser invadido y poseído." Los cristianos somos propiedad de Dios porque Jesús literalmente nos compró con Su sangre. 1ra Corintios 6:19-20 dice:

"¿O ignoráis que vuestro cuerpo es templo del ESPÍRITU SANTO, el cual está en vosotros, el cual tenéis de Dios, y que no sois vuestros? Porque habéis sido comprados por precio; glorificad, pues, a Dios en vuestro cuerpo y en vuestro espíritu, los cuales son de Dios" *(énfasis del autor)*

Jesús pagó para que nuestro cuerpo, alma y espíritu le pertenecieran a Él. Sin embargo, como podemos dejar que entren parásitos y virus en nuestro cuerpo por los que Jesús pagó, también podemos dejar que el pecado con sus implicaciones legales invada nuestra alma y nuestro cuerpo. De la misma manera, que decimos que tenemos un virus o un parásito, podemos decir que tenemos un demonio (un inquilino). En otras palabras, si abrimos la puerta a los espíritus malignos, estos pueden entrar e invadir un área de nuestra vida. Esto significa que los poderes demoníacos tienen el control de ciertas áreas de nuestra vida, lo que significa que, aunque todavía queremos estar a cargo, debido a que la presión es tan grande, perdemos la ventaja y ya no estamos a cargo. Hemos perdido el control. Si tienes una casa con diez habitaciones y le das una habitación a un inquilino, eso no significa que el inquilino posee tu casa. Significa que él ocupa esa habitación y puede causar caos en esa habitación lo cual es difícil para ti de controlar. Puedes ir y ordenar esa habitación una y otra vez, pero si el inquilino decide causar más caos, lo hará de nuevo. No importa cuántas veces órdenes después de que el inquilino causa un desastre, tienes un problema continuo porque la personalidad del inquilino es desordenada. La única forma de resolver el problema es echar fuera al inquilino. Entonces, podemos decirlo de esta manera, el espíritu de un cristiano no puede ser dominado por espíritus malignos, pero todavía puede ser demonizado en otras áreas de su vida. Me he encontrado con muchos cristianos claramente nacidos de nuevo que fueron transformados por el poder de Dios pero que tenían uno o dos asuntos en su vida que no podían controlar porque alguien más tenía el control. Estos espíritus malignos suelen estar presentes desde los días antes de que aceptaran a Cristo como su Salvador o se heredan a través de generaciones anteriores. A veces, los demonios se debilitan una vez que la persona viene a Cristo, pero por lo general, no se van voluntariamente. Todavía necesitan ser echados fuera. Con esta conclusión, podemos decir, con seguridad, que algunos cristianos todavía necesitan liberación en áreas vulnerables de sus vidas.

A veces puedes tener tanta consejería y apoyo como desees, pero aun así todavía lucharás con cierto asunto, porque hay un poder demoníaco detrás que te impide obtener la victoria y debe ser expulsado y enfrentado.

CAPÍTULO 4

Ataduras del alma y maldiciones

8 – Ataduras del alma

Las ataduras del alma o lazos impíos también se pueden establecer sin pecados sexuales, por ejemplo, en una relación entre padres e hijos. La clave para entender si se trata de un lazo del alma saludable o de una atadura radica en discernir si puedes vivir con libre albedrío de acuerdo con la Biblia o si estás ligado a otras personas o sus opiniones de alguna manera. Esto incluso puede suceder entre un pastor y un cristiano de su congregación.

Una vez conocí a una mujer que simplemente no podía liberarse de su compañero abusivo. En lo natural eso no tiene sentido para nadie, pero espiritualmente tiene perfecto sentido. Es porque se estableció entre ellos una atadura o lazo impío. Cuando rompes estas ataduras o lazos impíos del alma entre dos personas en el Nombre de Jesús, inmediatamente se produce una transacción espiritual. A veces, la otra persona puede sentirlo de inmediato.

Incluso puedes estar atado de alma a una persona muerta. Ahí es cuando simplemente no puedes dejarlos ir. Sufres mucho más de lo que deberías. Luego están los lazos del alma con ídolos, las imágenes pornográficas o incluso entre un tatuaje y un tatuador.

9 – Cómo identificar las maldiciones (Deuteronomio 28)

Lo primero que debemos tener en cuenta es que si hay una maldición, entonces debe haber una causa.

Cuando hablamos de maldiciones, buscamos patrones repetidos, incluidas enfermedades crónicas. Por ejemplo, si alguien sufre rupturas repetidamente, incluida una ruptura matrimonial en la línea familiar, entonces eso puede identificarse como una maldición. Además, si una persona es continuamente suicida, si una persona experimenta fracasos financieros continuos sin importar cuánto intente tener éxito o si una mujer sigue teniendo abortos espontáneos, eso a menudo está relacionado con una maldición. Además, si una persona es propensa a sufrir accidentes o es como un imán para las enfermedades, es posible que también podamos llegar a la misma conclusión.

Conozco a alguien que tuvo siete accidentes automovilísticos. Puede imaginarse que después de los primeros condujo con mucho cuidado y, sin embargo, parecía que no podía evitar más accidentes. Después de un tiempo se dio cuenta de que alguien lo había maldecido intencionalmente. Una vez que se rompieron estas maldiciones, se mantuvo libre de accidentes.

10 – Causas de las maldiciones

Es importante comprender que Dios no impone las maldiciones. Sin embargo, estableció las leyes espirituales que son correctas y justas. Si vamos en contra de ellas, nos lastimamos. Por ejemplo, si pasamos por un semáforo en rojo, podemos chocar. Si ponemos la mano sobre la estufa caliente, nos quemamos. Si saltamos desde un puente, podríamos resultar gravemente heridos. Si tomamos demasiado tiempo el sol, nos quemamos. Dios no me impuso activamente ninguna de estas consecuencias. Por lo tanto, no puedo culpar a Dios por ello. Es muy similar cuando observamos las maldiciones.

Hay muchas causas diferentes de las maldiciones. Estas son solo algunas:

Discurso verbal

Muchas veces se pronuncia intencionalmente o no. Sé de alguien que odiaba a sus padres y verbalizaba con un deseo intenso de que tuvieran una dolorosa enfermedad crónica y eso es exactamente lo que les sucedió a ambos. Necesitamos tener presente la realidad de Proverbios 18:21 ***"La muerte y la vida están en poder de la lengua"*** ¡Nuestras palabras son muy poderosas! Podemos usar nuestra lengua para maldecir o bendecir a la gente. Este principio también se aplica tanto a nosotros mismos como a los demás. Mucha gente se maldice a sí misma, por ejemplo, diciendo "Soy una basura" o "El mundo estaría mejor sin mí" o "Nunca lograré nada en la vida." Otra forma en que se pronuncian las maldiciones poderosas es cuando los padres o maestros les dicen a los niños cosas como: "Eres tonto", o "No puedes hacer nada bien", o "Nunca llegarás a nada en la vida", o "Eres solo un problema y una carga." Personalmente, he visto adultos que se vieron muy afectados por esas profecías negativas pronunciadas por padres y maestros cuando eran jóvenes. Algunos de ellos experimentaron exactamente lo que se dijo sobre ellos porque lo creyeron y lo vivieron. En muchos casos, las víctimas tienen un auto complejo o incluso una tendencia suicida. Han creído y aceptado las palabras pronunciadas sobre ellos y la maldición se ha hecho realidad en sus vidas.

En una nota más alentadora, me complace señalar que podemos usar el mismo principio para bendecir, fortalecer y edificar a las personas al hablar vida y bendiciones sobre ellas.

Juramentos internos

Esta es una forma de auto maldición. A menudo se origina en una situación de vida horrible que no quieres volver a experimentar nunca más y tomaste la decisión de protegerte de la repetición de incidentes de este tipo en tu vida. Después de eso, se establece un juramento interno, diciéndote cosas como:

"¡Todos los que están cerca de mí me han lastimado, nunca dejaré que nadie se acerque a mí de nuevo!"

"¡He fallado tantas veces que estaría mejor muerto!"

"¡Nunca me perdonaré por este gran error que he causado!"

"¡Nunca me casaré, todos los hombres son malvados!"

Ataque espiritual

Esto ocurre cuando una bruja o un satanista te maldice. Siempre hay espíritus malignos involucrados cuando esto sucede. Esto es muy común en África. Sin embargo, lo mismo ocurre en Europa, pero es menos obvio.

La mayor diferencia es que la mayoría de las personas en África la conocen y en Europa, no. Podría escribir un libro dando ejemplos de ataques demoníacos y maldiciones, no solo sobre lo que he escuchado y visto, sino también sobre la protección milagrosa y sobrenatural de Dios de tales intentos, incluso cuando ángeles estuvieron involucrados en parientes muy cercanos de mi familia.

Idolatría

La Biblia a menudo enseña que la idolatría también puede traer una maldición sobre una persona (Deuteronomio 27:15; 29:18-20). Con esa maldición, la enfermedad, frecuentemente, si no siempre, viene con ella. La idolatría se puede practicar de muchas formas diferentes. No es solo el adorar una estatua o el sol, etc., sino que también incluye actos como la colocación de un buda en tu salón o cualquier otra cosa que esperas que te ayude o te proteja.

Objetos bajo maldición

Los objetos que han sido maldecidos o utilizados para la brujería tienen un gran impacto demoníaco, especialmente cuando los tienes en tu casa. No solo hace que la atmósfera sea fría y aburrida, sino que literalmente se pueden usar para que los espíritus malignos afecten tu vida con problemas como una serie de enfermedades o pérdidas financieras o la destrucción de tu matrimonio, etc. A veces puede ser un amuleto de la suerte o un ídolo que compras en una tienda como un buda o joyas heredadas, etc.

La deshonra a tus padres

Esto puede sonar extraño, pero tiene mucho sentido cuando leemos Efesios 6:2-3 ***("Honra a tu padre y a tu madre, que es el primer mandamiento con promesa; para que te vaya bien, y seas de larga vida sobre la tierra.")***. El resultado de honrar a tus padres es "prosperidad en la vida y vivir más tiempo." Eso implica que "no honrar a tus padres" puede resultar en que no te vaya bien o incluso en una vida más corta (muerte prematura). En este caso, debes lidiar con la raíz del problema de tu disposición hacia tus padres. Todos los padres tienen defectos y cometen errores. Pídele claramente a Dios que te ayude a perdonar a tus padres y a poder amarlos y apreciarlos. Después de todo, si ellos no estuvieran aquí, tú tampoco lo estarías. Necesitas descubrir el meollo del problema. ¿Te hicieron daño, te ofendieron o te decepcionaron? Intenta mirarlos a través de los ojos de Jesús y perdonarlos.

¿Cómo sabes si tienes un problema con tus padres? Una indicación es, si te perturba su presencia o si no puedes soportar sus gestos. Otro signo es cuando sientes tensión si están cerca o incluso si estás pensando en ellos. El resultado de estos sentimientos puede ser una tendencia a tratarlos con desprecio. Deuteronomio 27:16 dice: ***"Maldito el que deshonrare a su padre o a su madre."*** Algunas personas luchan mucho con sus padres, culpando a Dios por haberles dado padres tan difíciles y extraños. Necesitamos dejar que Dios sea Dios y aceptar la forma en que hizo a nuestros padres. Tienen sus defectos como el resto de nosotros y Dios también puede cambiarlos. También han sido creados a imagen de Dios como todos los humanos han sido ***("Y creó Dios al hombre a su imagen, a imagen de Dios lo creó; varón y hembra los creó."*** Génesis 1:27). Si creemos en Romanos 8:28 ***"Y sabemos que a los que aman a Dios, todas las cosas les ayudan a bien, esto es, a los que conforme a su propósito son llamados."***, entonces estaremos convencidos de que Dios puede darnos bendiciones en nuestra vida aún a través de padres difíciles.

El maltrato a los menos afortunados

Puedes agregarte una maldición explotando o maltratando a los ciegos, huérfanos, viudas, discapacitados, minusválidos, pobres y desafortunados. (Deuteronomio 27:18-19). Dios es un Dios justo y compasivo y quiere proteger a los desafortunados. Hay innumerables Escrituras que indican que Dios se preocupa mucho por las personas desfavorecidas y vulnerables.

El soborno

"Maldito el que recibiere soborno para quitar la vida al inocente." (Deuteronomio 27:25). Mucha gente ha matado o ha querido matar a otros a causa de un soborno. Lo hemos experimentado algunas veces en mi familia, pero afortunadamente Dios lo detuvo de manera sobrenatural. Sin embargo, si se permite que el impulso continúe, el dolor de conciencia puede atormentar a esa persona de por vida.

El antisemitismo

Cualquier acción o palabra negativa contra los judíos puede traerte una maldición ***("Bendeciré a los que te bendijeren, y a los que te maldijeren maldeciré…"*** Génesis 12:3***).*** La Biblia nos enseña que el que toca a los judíos, toca a la niña de los ojos de Dios (Zacarías 2:12). Aquí solo puedo decirte, ¡no vas a querer jugar con los ojos de Dios!

El robo y la mentira

A menudo, robar y mentir van de la mano. Robar es la primera acción y mentir es el encubrimiento de la acción. Según Zacarías 5:3-4, los ladrones pueden traer una maldición sobre sí mismos, así como también los perjuros (personas que juran falsamente / hacen declaraciones incorrectas bajo juramento a cerca de algo o alguien mintiendo).

La lucha con tu Creador

"¡Ay del que pleitea con su Hacedor! ¡El tiesto con los tiestos de la tierra! ¿Dirá el barro al que lo labra: ¿Qué haces?; o tu obra: ¿No tiene manos?" (Isaías 45:9)

Esto cubre muchas áreas de nuestras vidas. Muchas cosas que no nos gustan de nosotros mismos, como nuestro carácter o nuestro cuerpo, pueden acumularse en el fondo de nuestra mente y podemos culpar a Dios. Después de un tiempo, puede terminar pensando que es culpa suya que usted sea como es. Entonces otras personas pueden reforzar estos problemas en su vida al estar de acuerdo con usted o al hablar palabras negativas. Al final, rechazas la verdad sobre lo que Dios realmente piensa de ti, que se revela claramente en Salmos 139:14. No podrás estar de acuerdo con Dios y decir ***"Te alabaré; porque formidables, maravillosas son tus obras; Estoy maravillado, Y mi alma lo sabe muy bien."*** Sí, Dios te cambiará más y más a Su semejanza y te santificará, pero ante Sus ojos ya eres considerado como Su obra.

CAPÍTULO 5

Liberándose de maldiciones, espíritus malignos y recibiendo sanidad interior

11 – Cómo eliminar maldiciones, romper ataduras y expulsar cualquier espíritu maligno presente en la persona

Cuando eliminamos una maldición entonces estamos eliminando los derechos legales para que los demonios tengan acceso a un área particular en tu vida (Gálatas 3:13-14). No deberíamos ser tercos sobre cualquier método ya que Dios no nos ata a los métodos. Es extremadamente importante, comprometer plenamente tu corazón en cada uno de estos pasos y no atravesarlos de una forma mecánica. Me gustaría darte unas cuantas directrices de cómo eliminar maldiciones, romper ataduras y efectivamente expulsar espíritus malignos. Técnicamente puedes hacerlo tú mismo, sin embargo, es siempre, mucho más fácil que un cristiano que ha nacido de nuevo lo haga contigo y te acompañe en el proceso.

1) Admitir y enfrentar el problema / pecado

El primer paso es vital, sin embargo, muchos le han restado importancia. Es sencillo reconocer, aceptar y enfrentar el problema por el pecado. Necesitas apropiarte del problema y admitirlo. No pongas excusas y cambies el problema o peques culpando a otros por ese pecado. Por ejemplo, diciendo "tengo esta lucha en la vida por la forma que me criaron mis padres." Esto no es apropiarse ni admitirlo, sino por el contrario esquivar el problema culpando a tus padres.

2) Arrepentirse

Acércate al Señor y agradécele por la poderosa victoria que completó en la cruz para derrotar cualquier pecado y obra destructiva del diablo, incluyendo el quebrantamiento de maldiciones. También arrepiéntete de todos los pecados relacionados con maldad el cual le dan el derecho a esa maldición de estar ahí. Si has robado, arrepiéntete de eso y regrésalo si es posible. Si apreciabas un ídolo, arrepiéntete y líbrate de él y elimínalo de raíz. Pide perdón a Dios y pídele que te limpie.

3) Libera perdón

Si sufres las consecuencias de que alguien más te esté poniendo una maldición, entonces perdona a esa persona por el amor de Dios. Declaralo en voz alta y libera perdón hacia esa persona (Mateo 18:21-35). Si sientes que debes perdonar a alguien más, especialmente si está relacionada con tus problemas demoníacos, entonces hazlo en este mismo momento y si necesitas perdonarte, decláralo.

4) Renuncia

Si es un asunto de maldición, entonces renuncia a la maldición sobre tu vida y sepárate de ella. Renuncia a la identidad errónea que has adoptado y declara la nueva identidad.

5) Expulsar

Ahora es el momento de tomar autoridad sobre él / los espíritu(s) y sentenciarlos con autoridad. Habla directamente al espíritu maligno diciendo algo así: "en el nombre de Jesucristo, te ordeno que te alejes ahora... vete en el Nombre de Jesús y nunca regreses…" No necesitas gritar, sino decirlo firmemente con autoridad, como alguien que realmente la tiene (porque realmente la tienes). Lo haces con una actitud con la expectativa de que se alejará.

6) Recibir

Muchas veces, después que los poderes demoníacos han dejado o han cesado su operación, la persona se siente aliviada, pero también vacía o incluso algunas veces extraña. Esto es debido a que el agente ya no está más ahí. Por eso es muy importante en este momento pedirle a Dios te llene de Su ESPÍRITU SANTO y la paz de Dios. Recibes Su plenitud por fe y Él lo hará en una forma constructiva.

7) Resistir

En los reinos espirituales ahora has decidido que te has entregado a la autoridad y las leyes de Dios y quieres vivir para Él. De ahora en adelante te mantendrás resistiendo al enemigo en tu mente, pero también verbalmente si de nuevo quiere visitarte en el futuro. Ahora estás practicando Santiago 4:7 ***"Someteos, pues, a Dios; resistid al diablo, y huirá de vosotros."***

12 – El proceso de sanidad interior.

Cuando una persona necesita sanidad interior, por ejemplo, si alguien sufre las consecuencias de un trauma o una conmoción, entonces tu enfoque principal es la sanidad interior. Sea siempre muy compasivo con la víctima. Ore por la persona, llevando a la víctima de regreso a la experiencia dolorosa y pidiéndole a Dios que sane las heridas. Siempre es útil si lo permite, que la persona exprese en la oración su aceptación de la sanidad de Dios. La sanidad interior no tiene nada que ver con eliminar el recuerdo, pero quita el aguijón de la experiencia.

Siempre es útil pedirle al Espíritu Santo que traiga recuerdos de la infancia, especialmente los dolorosos. Luego pregunta a la persona si te permitiría orar por esa situación. Podemos pedirle a Jesús que llegue a esos recuerdos de modo que Él pueda enfrentarlos por nosotros.

Podemos hacer eso porque conocemos claramente por la Escritura, que Jesús es Omnipresente y estaba allí cuando sucedió. Pídeles que expresen su deseo para que Jesús venga.

Esto es solamente un proceso donde la persona deja que Jesús entre en su recuerdo y sus emociones para sanarlos. Motívalos a recibir por la fe, el amor y la sanidad de Jesús. Es muy importante preguntarle a la persona si perdonaría al perpetrador con la ayuda del Espíritu Santo. Puede que sea necesario, si, por ejemplo, fue un caso de abuso cuando era joven, es posible que necesiten escuchar que la experiencia no fue su culpa. Aclárales que el perpetrador tendrá que dar cuenta de sí mismo a Jesús por lo que ha hecho. Perdonarlos no es igual que justificarlos y decir que está bien lo que hicieron. En efecto es entregar la venganza y la justicia plenamente al Señor para que las lleve a cabo. Los adultos a menudo se sienten culpables y avergonzados porque no pueden reconciliarse a sí mismos con quienes eran cuando eran niños debido a lo que les sucedió entonces.

El escenario anterior es solo un ejemplo de cómo puede hacerse. Nunca deberíamos ser drásticos en utilizar un método en particular. Sin embargo, esto está destinado como un apoyo para aquellos que se permiten a sí mismos ser dirigidos por el ESPÍRITU SANTO. El principal problema es que Jesús necesita entrar en la situación y sanar las heridas internas.

Algunas personas no necesitan ninguno de los escenarios anteriores o similares ya que tienen suficiente fe para acercarse a Jesús para sanar su sufrimiento interior sin siquiera volver al trauma. ¡No es un método, es una persona – Jesús! No son nuestras oraciones. No es que sepamos cómo. No son nuestras experiencias. ¡Solamente es JESUCRISTO!

Una vez que la herida haya sido sanada puedes ordenarle al espíritu maligno, el cual se había adherido a esa herida, que se aleje y nunca regrese. Después de eso pídele a Dios que llene a la persona de Su amor y Su paz, ya que en la mayoría de los casos regresan a una falta de amor, afecto y afirmación.

13 – ¿Cómo sabes si una persona necesita liberación?

1. Lo obvio es cuando la persona te lo dice. A menudo las personas saben que algo está mal con ellos y pueden sentir que se trata de un problema espiritual.

2. A menudo descubrí que cuando oraba por las personas con imposición de manos, mientras oraba, una reacción corporal comenzaba a ocurrir entonces sabía que la persona necesitaba liberación. Cuando el Espíritu Santo, que está dentro de ti, entra en contacto con fuerzas demoníacas, entonces puede ocurrir una

reacción. Hay muchas reacciones diferentes como temblores, espasmos, actuar de manera extraña, pasando por la garganta, un demonio comienza a hablarte (por ejemplo, diciendo "No nos vamos a ir"), una mujer comienza a hablar con la voz de un hombre, cambios en la expresión facial, ojos rodando hacia atrás de modo que solo puedes ver el elemento blanco (el demonio no quiere verte a los ojos porque representas a Cristo), las partes del cuerpo se ponen rígidas, los ojos se ponen vidriosos, la persona arquea su columna hacia atrás, rodando sobre el suelo o actuando como un animal, etc.

3. Si llegas a conocer acerca de la historia de la persona, entonces algunas veces puedes concluir con confianza que uno más uno es igual a dos, y un demonio, o más de uno, están ocultándose en alguna parte dentro de esa persona. De la mayoría de las implicaciones ocultistas, ninguna se aleja sin alguna forma de demonización.

14 – Cómo ministrar la liberación

Básicamente, todos los cristianos nacidos de nuevo tienen el poder en Cristo de orar por personas endemoniadas y liberarlas. Sin embargo, me gustaría dar algunas orientaciones.

1. Siempre es mejor tener a alguien más contigo cuando lleves a cabo una sesión de liberación.

2. Es importante discernir si la persona realmente necesita liberación o si la necesidad es en realidad sanidad interior.

3. A través de conversar con la persona necesitas averiguar, o por el don de descernimiento, con qué tipo de espíritu estás tratando. Haz preguntas, como, "¿Cuándo comenzó?" "¿Cuánto tiempo has luchado con ese problema?" "¿Qué hiciste antes?" "¿Qué sucedió?" Cuando la persona, por ejemplo, dice: "Mi mamá murió justo antes de adoptar un

comportamiento suicida", entonces se puede sospechar que hay un espíritu de muerte en funcionamiento o una atadura enfermiza a su alma.

4. La liberación tiene mucho que ver con conocer tu lugar seguro en Cristo. Los demonios se dan cuenta de inmediato quien tiene la autoridad y quien no. El hecho es que si eres una nueva persona nacida en Cristo tienes autoridad, pero puede que no lo creas. Si no lo crees tú mismo entonces ten la seguridad que los demonios tampoco lo harán. El siguiente versículo nos asegura que Jesús mismo nos dio autoridad y que estamos completamente protegidos del enemigo. Lucas 10:19 ***"He aquí os doy potestad de hollar serpientes y escorpiones, y sobre toda fuerza del enemigo, y nada os dañará"***

5. Si tienes dudas, entonces recomiendo te protejas a ti mismo, a toda tu familia y a cualquiera que esté involucrado, con la sangre de Jesucristo antes que comiences la sesión de liberación.

6. Si vives en pecado consciente y quieres ministrar liberación a alguien, recomendaría que primero te reprendas a ti mismo; te arrepientas y te pongas a cuentas con Dios.

7. Antes de comenzar la sesión de liberación, un momento de adoración puede proveer un verdadero incentivo declarando que Él es el Rey de Reyes y que todas las cosas están bajo su autoridad. Esto es muy poderoso y cambia inmediatamente la atmósfera espiritual. También puedes orar en lenguas y tu espíritu se fortalecerá de inmediato como está indicado en Judas 20 ***"…Pero vosotros, amados, edificándoos sobre vuestra santísima fe, orando en el Espíritu Santo."*** Recuerdo una vez cuando oraba para liberar a alguien, comencé a exaltar el nombre de Jesucristo quizás durante 30 segundos y alguien más me vio en una visión de cómo mis músculos espirituales estaban creciendo rápido en aquel momento. Fue una liberación muy fácil la cual no tomó mucho tiempo en lo absoluto. Es una herramienta muy sencilla pero poderosa.

8. Este es ahora un buen momento para que la persona entregue su vida a Jesús y lo haga Señor de su vida. Si la persona realizó un acto de rendición al demonio, como convertirse en una bruja, un brujo, un satanista, etc. Entonces la persona necesita claramente arrepentirse y entregar su vida a Jesús e indicar que quiere dejar el reino de satanás, de lo contrario es muy probable que no sea capaz de hacerlo. Cuando llega a la parte esencial en la oración, no pueden ser capaz de decir "Jesucristo" o la misma oración donde entregan su vida a Jesús. En ese caso, necesitarías atar los espíritus que se resisten y ordenarles que dejen de interferir. Luego, permite a la persona orar otra vez. Una vez que sea capaz de decirlo, permite declararlo varias veces al mundo espiritual que él/ ella quiere servir a Jesucristo por el resto de su vida.

9. Los espíritus malignos de esta categoría se deben renunciar, lo cual básicamente no es solo confesar y arrepentirse sino clara y activamente apartarse de ellos. Recomiendo encarecidamente involucrar a un equipo o alguien bien experimentado en el ministerio de liberación cuando estás tratando con casos ocultistas graves. Estos son poderosos demonios que están enfrentándote. Si la persona o sus antepasados hicieron algún pacto, como un pacto de sangre, o un pacto de palabra con el diablo, la víctima necesita claramente renunciar al pacto. Los pactos de sangre con el enemigo son extremadamente poderosos. Si se requiere el arrepentimiento entonces ten en cuenta la siguiente guía para orar:

"Yo confieso y me arrepiento en nombre de mis antepasados / nombre(s) específicos(s) / sacerdotes de satanás, etc. por todos los animales y los sacrificios humanos que hayan hecho…"

Después de eso, el rechazo de los pactos es muy importante:

a. "Yo renuncio en el nombre de Jesucristo, a cada pacto y al pacto de sangre que mis antepasados hicieron en las áreas de, brujería, libre satanismo, masonería, hechicería…"

b. "Yo renuncio a cualquier consagración y ritos, incluyendo ritos sexuales, y anulo todo su poder en el Nombre de Jesús"

c. "Yo renuncio a cualquier llamado oculto sobre mi vida en el Nombre de Jesús. Jesús, te pido ahora, a través de tu sangre, hagas ineficaz cualquier rito que involucre sacrificio de sangre en mi vida"

d. "Yo renuncio y hago ineficaz cualquier culto satánico, sacrificios, lenguas, dones, enseñanzas, profecías, escrituras de sangres ancestrales, etc."

Después de eso, puedes expulsar todos los espíritus ocultistas y cerrar las puertas de entrada, (también puedes ungir a la persona con aceite en la frente).

Ahora puedes proclamar la verdad y el poder del pacto de sangre con Jesucristo.

Por supuesto, junto con eso, todos los emblemas satánicos, libros, cartas del tarot, cualquier contrato escrito, etc. necesitan ser sacados de la casa o incluso mejor, que sean quemados en el Nombre de Jesús (Hechos 19:19). Cuando dirigimos una cruzada en África, encendemos un fuego frente a todos para que todos los objetos satánicos y de brujería sean quemados.

10. Una de las formas más poderosas, si no LA forma más poderosa para desarmar a los malos espíritus, es el bautismo en agua del creyente. Después que las personas han entregado sus vidas a Jesús y son bautizados en agua, todos los malos espíritus perderán su atadura en la vida de la persona. Después de eso, la liberación siempre es mucho más fácil. He visto demonios manifestarse de inmediato e irse cuando salen del agua.

11. Si una persona tiene muchos espíritus malignos, no hace ningún daño tener diferentes sesiones en el transcurso de días o semanas y expulsar uno o varios a la vez. Sin embargo, si tienes la energía y el tiempo, entonces ¿por qué no completar el trabajo en una sola sesión?

12. No le grites a los demonios, ellos no son sordos. Tu autoridad no está en el volumen de tu voz, sino en Jesucristo. Da una orden con autoridad.

13. ¡No abofetees ni empujes a la persona endemoniada! ¡El abofetear o empujar no saca al demonio!

14. En el Nombre de Jesús también puedes prohibir a los espíritus malignos que están en la persona obtener fuerza de cualquier otro espíritu fuera de la persona. Eso puede hacer la sesión un poco más fácil. El reino de oscuridad también está organizado en jerarquía. Algunas veces los demonios más altos y más poderosos pueden fortalecer a los demonios más débiles y menos clasificados desde el exterior. Alguien a quien ministre una liberación experimentó ese escenario de una forma muy poderosa.

15. Mirar a la persona a los ojos puede ser muy útil. Los ojos son como un espejo del alma. A menudo ves si hay peligro, odio, burla, orgullo o falta de perdón, etc. en el fondo mirando a sus ojos. También, los demonios normalmente no pueden soportar mirarte a los ojos, porque es un enfrentamiento de poder. Cuando Jesús vive en ti, los demonios pueden verlo dentro de ti. Algunas veces los ojos se voltean hacia atrás de modo que solamente puedes ver lo blanco porque quieren evitar mirarte a los ojos. En este caso, puedes ordenar a los espíritus que te vean a los ojos.

16. Algunas veces en una sesión de liberación el espíritu se apodera de la voz de la persona cuando te diriges a él. Te darás cuenta de inmediato cuando el demonio lo hace. En ese momento, la persona actual a la que estas ministrando, está fuera de sí misma y no tendrá ningún recuerdo de lo que está sucediendo. De ninguna manera te sientas ofendido de cualquier forma por lo que el espíritu maligno pueda hablarte, ya que sabes que no es la persona la que te está hablando sino el demonio.

Una vez tuvimos un caso donde la persona tenía dos demonios diferentes y se podía ver cuando el primer demonio tomaba el control de su personalidad y también cuando el segundo demonio tenía el control. También se podía ver claramente cuando los demonios quedaban inactivos y el hombre recobraba su conciencia y regresaba en sí mismo. Observa atentamente lo que está sucediendo durante una sesión de liberación y podrás entender mucho mejor lo que está pasando.

17. Algunos argumentan que si tocas (impones manos) a la persona entonces el espíritu maligno puede entrar dentro de ti. Sin embargo, he experimentado lo contrario. Creo firmemente que estoy protegido (Lucas 10:19). Cuando el poder del Espíritu Santo (que está en mí) y el demonio se une al contacto, entonces una reacción tomará lugar. A menudo he visto en aquel momento, una manifestación que ocurre la cual puede ser todo tipo de cosas. Cuando el demonio sale a la superficie puedes expulsarlo. Sin embargo, recomendaría que si estás inseguro, ya sea de poner las manos sobre la persona endemoniada, entonces te recomiendo que no lo hagas. Puede ser peligroso imponer manos sobre la persona dudando que el demonio podría atacarte. Al final, todo se trata de tu fe. Ambas maneras son correctas. Personalmente practico ambos enfoques. Muy a menudo impongo manos sobre la persona y oro hasta que el demonio salga a la superficie y luego quito mis manos y lo expulso verbalmente extendiendo mi mano derecha hacia la persona e indico al demonio que salga. Básicamente, utilizo mis manos para respaldar mi orden verbal autoritaria hacia el demonio.

18. Nunca le pidas a Dios que aleje al espíritu maligno, porque Jesús te dio poder de expulsarlo. ***("Sanad enfermos, limpiad leprosos, resucitad muertos, echad fuera demonios; de gracia recibisteis, dad de gracia"*** *Mateo 10:8)* Háblale al demonio directamente con una voz de autoridad diciendo algo como, *"En el nombre de Jesucristo te ordeno espíritu maligno (si conoces el nombre o la actividad de ello*

puedes nombrarlo) salir y nunca más regresar." También puedes agregar algo como, "Sal tranquilamente y sin disturbio."

19. Algunas veces puede ser una larga batalla. Aquí necesito resaltar muy claramente que ¡no se trata de quien es más fuerte! No es una batalla de poder. Es acerca de la posición que tomas en Cristo. Una vez tuve un caso en Uganda la cual duro aproximadamente cuarenta y cinco minutos. Hacía mucho calor, estaba cansado y tenía hambre, pero seguí adelante por la gracia de Dios. No podía posponer la liberación porque viajábamos de regreso al día siguiente. Pregunté, "¿Cuántos de ustedes están dentro de ella?" Respondieron: "Somos muchos". Sabía que estaba lidiando con espíritus obstinados de brujería. Habían poseído a una niña de doce años. Después de cuarenta y cinco minutos todos se fueron. No me gusta posponer las sesiones de liberación, pero algunas veces si las circunstancias te fuerzan a hacerlo, entonces no te sientas culpable, siempre y cuando lo hagas más tarde o en otro día. He escuchado de casos que duraron horas.

    ¿Por qué ese caso con la niña de Uganda llevó tanto tiempo? Tuve algunos obstáculos que superar los cuales podían haber sido resueltos con mucha más facilidad si hubiera tenido más tiempo y pudiera hablar el idioma. Si la situación me hubiera permitido convencer a la niña de que perdone a su ofensor, renunciando a algunas cosas y aborde la sanidad interior, entonces el proceso completo de liberación hubiera resultado mucho más fácil. Así que, fui por la siguiente mejor opción y omití los primeros pasos anteriores y elegí el enfrentamiento directo con el enemigo inmediatamente.

20. Algunas veces puedes acortar la sesión si involucras a la persona que necesita liberación tan rápido como sea posible en el proceso. Por ejemplo, hacer que la persona repita lo que estás diciendo: "En el Nombre de Jesús te ordeno, espíritu maligno de ira que salgas ahora", etc. O, involúcralos en renunciar al trabajo del enemigo en su vida. O simplemente declarar con un acto de voluntad que "Jesús es mi Señor y quiero servirle solamente a Él y no al espíritu maligno." Algunas

veces el demonio no le permitirá a la persona agobiada decir estas cosas. En ese caso, tú que estas ministrando debes continuar ya que esto no es una necesidad.

21. Si el espíritu maligno no se ha apoderado de la personalidad del individuo, entonces pregúntale a la persona a quien estás ministrando preguntas intencionadas, cómo: "¿Qué está pasando?" o "¿Qué sientes?", etc. A menudo, ellos luego responden con cosas como "Siento algo moviéndose en mi estómago" o "Siento una tristeza tremenda viniendo sobre mí." Esto te ayuda a evaluar en qué etapa estás de la batalla porque esas son todas las emociones y actividades del demonio y no de la persona.

22. ¿Cómo sabes si el espíritu o los espíritus malignos se han ido?
La forma más fácil, por supuesto, es si tienes el don de discernimiento. Pero incluso si no lo tienes, puedes saberlo. Mira muy de cerca el rostro de la persona. Cuando veas que los ojos de la persona de repente se vuelven normal otra vez como aquellos de un ser humano normal sin los ojos fríos vidriosos, o cualquiera que sea la expresión que el demonio mostró, entonces sabes que ha acabado. En otros casos, es cuando las demostraciones violentas cesan. Si alguien tose o vomita, sigue ordenando al espíritu maligno que salga hasta que la persona deje de toser o vomitar. Cuando la persona está completamente consciente y el demonio no se apodera de la personalidad del individuo, entonces puedes preguntarle a la persona si se ha ido. A menudo, la persona lo sabe. Debes ser muy cuidadoso, cuando la persona a la que ministra dice, me siento mejor y más ligera. Eso no significa necesariamente que todo haya acabado. También puede significar que uno de un número de espíritus se haya ido. Sólo asegúrate preguntando otra vez si la persona aún siente que hay algo en su interior. Pero algunas veces es obvio y la persona se siente totalmente libre, ligera y aliviada instantáneamente. Orar y escuchar al Espíritu Santo es lo más importante que puedes hacer durante una sesión de liberación.

23. Algunas veces quizás necesites estar atento a tu entorno. Una vez oré por la esposa de un pastor para que pudiera ser sanada, después de un servicio normal de la iglesia en el área donde las personas se reúnen para tomar té y café, y entonces me di cuenta que la fuente de su sufrimiento era demoníaca. Tuve que detenerme cuando el demonio comenzó a manifestarse y era consciente que estaba lidiando con la esposa del pastor. Es mejor tratar algunos casos en un ambiente más privado.

24. Después de una sesión de liberación siempre pídele a Dios que llene cualquier espacio vacío ya que la persona estará en un vacío espiritual y se sentirá totalmente vacía. La liberación es como una cirugía espiritual. Es como si cortaras una parte importante de la persona. Deja que la paz de Dios entre y llene plenamente a la persona.

Cuando hayas terminado la sesión de liberación, también puedes orar por ti y por todas las personas que estuvieron involucradas y por sus familias para que sean protegidas y llenas del Espíritu Santo, etc.

15 – Ministerio de liberación a distancia

Leemos la historia de la mujer sirofenicia que vino a Jesús en nombre de su hija endemoniada que estaba ausente ese momento (Mateo 15:21-28; Marcos 7:24-30). En esta liberación a distancia, debemos prestar atención a una o dos cosas. Sí, es posible expulsar los demonios a distancia ya que la distancia no es un obstáculo en los reinos espirituales. Sin embargo, necesitamos señalar en esta historia, que la madre de la hija estaba al amparo de la hija ya que todavía era una niña. La madre tenía el derecho del amparo legal como protectora espiritual para tomar la decisión por su hija. Esto si es un escenario definitivo entonces hazlo. Si la hija fuera una adulta por derecho propio y no quisiera ser liberada (lo cual sería inusual), entonces es posible que no tengas éxito en esta liberación. Habiendo señalado estos aspectos, Aún no desearía sacar una conclusión concreta de cuándo llevar a cabo una liberación por poder a distancia o cuando no.

CAPÍTULO 6

Cómo permanecer libre y ser protegido

16 – Cómo permanecer libre

"Cuando el espíritu inmundo sale del hombre, anda por lugares secos, buscando reposo, y no lo halla. Entonces dice: Volveré a mi casa de donde salí; y cuando llega, la halla desocupada, barrida y adornada. Entonces va, y toma consigo otros siete espíritus peores que él, y entrados, moran allí; y el postrer estado de aquel hombre viene a ser peor que el primero. Así también acontecerá a esta mala generación." (Mateo 12:43-45)

Me gustaría recordarte el panorama completo. Estamos en una gran guerra. El enemigo no se rinde rápidamente. Se arrodilla delante de Jesucristo y sale del ser humano cuando es expulsado, pero busca regresar para retomar el territorio el cual ha perdido. Me gustaría señalar unas cuantas cosas que puedes hacer para protegerte del enemigo cuando regrese a retomar su territorio. Todas estas son cosas básicas (pero muy poderosas) y deberían ser normales en la vida de un cristiano.

El Señorío de Jesús

Es esencial que entregues tu señorío a Jesús el Rey de Reyes. Él te ha comprado con Su sangre y tú le perteneces. (Hechos 20:28). Por supuesto que esto aplica solamente si eres un cristiano que ha nacido de nuevo. Si Jesús es el Señor de cada cuarto en tu (ser humano) hogar, entonces es imposible que el enemigo regrese y reine porque el Rey de Reyes ya está reinando en tu casa.

Siendo lleno del Espíritu Santo

Esto me conlleva a mí siguiente punto. Efesios 5:18 nos ordena a llenarnos continuamente del Espíritu Santo. Es muy claro, cuando el Espíritu Santo ocupa cada área de tu vida no hay espacio para que el enemigo regrese. Simplemente pide al Espíritu Santo que more en ti y en cada espacio de tu vida (Lucas 11:9-13).

Resistiendo el diablo

Si te has entregado al Señorío de Jesucristo y el Espíritu Santo mora en ti, entonces Santiago 4:7 nos instruye a resistir al diablo. Con "resistir" no me refiero a presionar suavemente cuando el enemigo está tratando de entrar a través de tu puerta. A lo que me refiero es que cobres ánimo dentro tuyo y estés dispuesto a actuar con ímpetu (en el espíritu), para que se dé cuenta que en verdad no quieres que regrese. Pelea con la misma intensidad como en una guerra. También puedes usar palabras como "¡Espíritu maligno, el Rey vive en mí ahora y sólo a Él le sirvo, vete en el Nombre de Jesús!" Declaras estas palabras con seguridad y autoridad. Si tus palabras vienen del corazón entonces son extremadamente ¡poderosas en el mundo espiritual! Otro enfoque es ignorar totalmente al enemigo sin ponerle atención ya que has entregado tu vida de todo corazón a Cristo. También esta es una forma poderosa de resistencia (resistencia en silencio) pronto te darás cuenta que el enemigo huirá después de eso de acuerdo a Santiago 4:7 ***"Someteos, pues, a Dios; resistid al diablo, y huirá de vosotros."***

Usa la Escritura

Por supuesto, la palabra de Dios es el alimento espiritual de un Cristiano el cual debería scr absorbido diariamente. Si no te alimentas por unos cuantos días entonces tu cuerpo se debilita. Aun así, se te dificultaría moverte y luchar en una guerra es simplemente imposible si no tienes la fortaleza. Es igual en nuestra vida espiritual. Ahora te sugeriría que además de tu estudio bíblico diario, busques versículos que apliquen específicamente a tu situación, medita en estos versículos, digiere estos versículos y exprésalos. Depende de cuál fue el punto de entrada inicial el cual le permitió al enemigo ganar acceso a tu vida. Si fue a través del rechazo, ira, pecado sexual, etc. ahí deberías encontrar la Escritura que se relaciona con ese tema. Después de haber meditado y masticado todo puedes convertirlo en una oración diaria o una proclamación.

Por ejemplo:

(Material tomado de "God's Unbreakable Word to You" producido por Fred Elgar. Usado con el permiso de Barbara Elgar.)

(Acción hecha por Dios en el pasado la cual continúa siendo efectiva para mí el día de hoy)

- *"He sido librado de la potestad de las tinieblas, y trasladado al reino de su amado Hijo" Colosenses 1:13*
- *"He sido rescatado por la preciosa sangre de Cristo de mi vana manera de vivir, la cual recibí de mis padres." 1ra Pedro 1:18-19*
- *"He sido liberado de la ley del pecado y de la muerte." Romanos 8:2 / Gálatas 3:13*
- *"He sido reconciliado conmigo mismo por Cristo" 2da Corintios 5:18 / Romanos 5:11 / Colosenses 1:22*
- *"He sido salvo por la gracia de Dios, por fe." Efesios 2:8*
- *"He nacido de nuevo, de simiente incorruptible." 1ra Pedro 1:23*
- *"He llegado a ser partícipe de la naturaleza divina." 2da Pedro 1:4*
- *"Tengo vida eterna." 1ra Juan 5:11 / Juan 5:24 / Juan 6:47*
- *"He sido apto para participar de la herencia de los santos en luz." Colosenses 1:12*
- *"Dios ha sido derramado en mi corazón por el Espíritu Santo que me fue dado." Romanos 5:5*
- *"He recibido Su justicia." Romanos 4:23-24 / 2da Corintios 5:21 / Filipenses 3:9*
- *"He sido revestido en Cristo porque he sido bautizado en Cristo." Gálatas 3:27*
- *"He sido crucificado con Cristo." Gálatas 2:20*
- *"He sido enterrado con Cristo a través del bautismo." Romanos 6:4 / Colosenses 2:12*
- *"Se me ha dado vida en Cristo." Efesios 2:5 / Colosenses 2:13*

- *"He sido resucitado con Cristo y me hizo sentar en los lugares celestiales con Cristo Jesús." Efesios 2:6 / Colosenses 3:1*
- *"Mi vida está escondida con Cristo en Dios." Colosenses 3:3*
- *"He sido sellado con el Espíritu Santo de la promesa." Efesios 1:13*
- *"He sido bendecido con toda bendición espiritual en los lugares celestiales en Cristo." Efesios 1:3*
- *"He sido justificado por fe, por la sangre de Jesús y por su gracia." Romanos 5:1 / 5:9 / 3:24*
- *"He sido lavado, santificado, justificado en el nombre del señor Jesucristo y por el Espíritu Santo." 1ra Corintios 6:11 / Romanos 5:1*
- *"Dios me escogió en Cristo antes de la creación del mundo." Efesios 1:4*
- *"He sido llamado de acuerdo a su propósito." Romanos 8:28*

(Mi presente estatus y mi valor hacia Dios se debe a que:)

- *"Soy una nueva creación." 2da Corintios 5:17*
- *"Estoy unido con el Señor soy uno en el espíritu con El." 1ra Corintios 6:17*
- *"Estoy en Cristo." 1ra Corintios 1:30 / Efesios 1:3*
- *"Soy santo y sin manchas delante de Él porque estoy en Cristo." Efesios 1:4*
- *"Me ha acercado por la sangre de Cristo." Efesios 2:13*
- *"Tengo la mente de Cristo." 1ra Corintios 2:16*
- *"Mi cuerpo es templo del Espíritu Santo." 1ra Corintios 6:19*
- *"Soy un hijo de Dios por fe en Jesucristo." Romanos 8:14-16 / Gálatas 3:26*
- *"Soy un heredero de Dios." Romanos 8:17*
- *"Soy santo y amado como escogido de Dios." Colosenses 3:12*
- *"Soy miembro de la familia de Dios." Efesios 2:19*
- *"Soy uno de los escogidos de Su pueblo." 1ra Pedro 2:9*
- *"Soy un conciudadano de los santos, parte de la nación" Efesios 2:19 / 1ra Pedro 2:9*

- *"Pertenezco al real sacerdocio." 1ra Pedro 2:9*
- *"He sido transformado y conforme a la imagen de su Hijo." Romanos 8:29 / 2da Corintios 3:18*
- *"Soy una luz en el mundo." Mateo 5:14*
- *"Soy la sal de la tierra." Mateo 5:13*
- *"Soy un embajador de Cristo." 2da Corintios 5:20*

(Por causa de estas cosas, es verdadero para mí que:)

- *"Puedo entender lo que Dios me ha concedido." 1ra Corintios 2:12*
- *"Puedo conocer la voluntad de Dios y tener toda la sabiduría y entendimiento espiritual." Colosenses 1:9*
- *"Puedo ser lleno del Espíritu Santo." Efesios 5:18*
- *"Puedo vivir una vida digna del Señor." Colosenses 1:10*
- *"Puedo agradar al Señor en todo." Colosenses 1:10*
- *"Puedo crecer en el conocimiento de Dios." Colosenses 1:10*
- *"Puedo continuar viviendo en Cristo y ser fortalecido en la fe." Colosenses 2:6-7*
- *"Puedo ser más que un conquistador a través de El quien me ama." Romanos 8:37*
- *"Puedo considerarme muerto en el pecado." Romanos 6:11*
- *"Puedo vencer a satanás por la sangre del cordero y la palabra de mi testimonio." Apocalipsis 12:11*
- *"Puedo vencer al mundo." 1ra Juan 5:4-5*
- *"Puedo heredar las promesas a través de la fe y la paciencia." Hebreos 6:12*
- *"Puedo acercarme al trono con confianza." Hebreos 4:16*
- *"Puedo tener la seguridad de entrar al lugar más santo por la sangre de Jesús." Hebreos 10:19*
- *"Tengo acceso al Padre a través del Espíritu Santo." Efesios 2:18*

- *"Puedo acercarme a Dios con un corazón sincero y plena certeza de fe." Hebreos 10:22*
- *"Puedo ser santo en toda mi conducta porque el que me llamo es santo." 1ra Pedro 1:15*
- *"Puedo llevar todo pensamiento cautivo a la obediencia de Cristo." 2da Corintios 10:5*
- *"Puedo ser transformado por la renovación de mi mente." Romanos 12:2*
- *"Puedo hacer todo lo que Dios me pida con la ayuda de Cristo quien me da la fortaleza y el poder." Filipenses 4:13*
- *"Puedo guardar mi corazón por la paz de Dios." Filipenses 4:7*
- *"Ahora no hay condenación para mí porque estoy en Cristo Jesús." Romanos 8:1*

(Dios hará continuamente por mí lo que no puedo hacer por mí mismo:)

- *"Él me ayudará en todas las cosas porque lo amo y conforme a su propósito he sido llamado." Romanos 8:28*
- *"Él siempre estará conmigo hasta el fin de los tiempos." Mateo 28:20*
- *"Él me mantendrá fuerte hasta el final para ser presentado sin mancha cuando Jesucristo regrese." 1ra Corintios 1:8 / Judas 24*
- *"Él llevará a cabo toda buena obra que ha iniciado en mí." Filipenses 1:6*
- *"Él no permitirá nada que me separe de su amor." Romanos 8:39*
- *"Él suplirá todo lo que me falte." Filipenses 4:19*
- *"No me dejará ser tentado más de lo que pueda resistir, sino que también me dará una salida." 1ra Corintios 10:13*
- *"Él es capaz de guardarme sin caída." Judas 24*
- *"Él ha preparado de antemano buenas obras para que las haga." Efesios 2:10*
- *"El responderá mi oración cuando pido en el Nombre de Jesús." Juan 16:23-24*
- *"Él vive siempre para interceder por mí. Hebreos 7:25*

(Derechos de copia por Ellel Ministries Pierrepont.)

Utiliza estas Escrituras como suplemento vitamínico además de tu alimento diario.

Después que dirigí una sesión de liberación por teléfono, uno de los miembros de oración de mi equipo tuvo una visión del estómago vacío de una vaca. Se refería a la situación espiritual de la persona a la cual estaba ministrando, significaba que no había alimento espiritual en el estómago, el Espíritu Santo me señaló que ahora era extremadamente importante "alimentarse" de la Escritura y "masticarla múltiples veces" hasta que el estómago se llenara. En realidad, una vaca tiene cuatro estómagos, este es un hermoso ejemplo de lo que es meditar en la Escritura (separar el alimento múltiples veces). Después de que se da la digestión, el resultado de eso será abundante leche fresca. Con esa leche, el resto de los que habitan la casa también serán alimentados espiritualmente.

Esta es una parte muy importante la cual es claramente enseñada en Filipenses 4:8-9:

"Por lo demás, hermanos, todo lo que es verdadero, todo lo honesto, todo lo justo, todo lo puro, todo lo amable, todo lo que es de buen nombre; si hay virtud alguna, si algo digno de alabanza, en esto pensad. Lo que aprendisteis y recibisteis y oísteis y visteis en mí, esto haced; y el Dios de paz estará con vosotros."

El enemigo asaltará tu mente para que te detengas en esos pensamientos negativos y todo el problema original reviva de nuevo ante tus ojos de una forma desproporcionada. En el momento que aceptas eso como verdad, los demonios pueden manipular el punto de entrada una vez más. Mientras que, si haces lo contrario y te concentras en la verdad directamente de la Palabra de Dios, entonces colocas cerraduras de hierro en sus puertas y estarás más seguro.

Vístete de la armadura de Dios

Estudia cuidadosamente cada arma mencionada en Efesios 6:10-18 y utiliza activamente estas armas contra el enemigo. Medita y piensa que arma es más probable que necesites utilizar en tu caso. No habrá duda. ***"Sobre todo, tomad el escudo de la fe, con que podáis apagar todos los dardos de fuego del maligno."*** Efesios 6:16 tendrá que ser muy utilizada, cuando el enemigo te dispare mentiras. Si aceptas sus mentiras finalmente podría entrar nuevamente. Por ejemplo, si el enemigo te dice: "aún no le caes bien a nadie. Nada ha cambiado desde la liberación, aún deberías sentirte lastimado y con pena internamente porque las personas que has perdonado aún están en contra tuya y te volverán a lastimar y tu Señor no te ayudará. Por lo tanto, tienes el derecho de sentirte enojado nuevamente y sentirte rechazado." Si no utilizas el escudo de la fe y aceptas la mentira, entonces guardas estas palabras por encima de las palabras del Señor Jesús y por lo tanto ya Jesús no es más el Señor en esa área específica. Por consiguiente, el enemigo puede tener una oportunidad para dominarte nuevamente en esa parte de tu vida y obtener el acceso, sin embargo, si utilizas el escudo de la fe diciendo: he decidido perdonarlos completamente, aun así ellos me odien, porque Dios me perdonó también de acuerdo a Lucas 6:37 ***"perdonad, y seréis perdonados…"*** Decido no ser lastimado y rechazado sino que confío que mi Señor me ayudará porque yo creo Hebreos 13:6 ***"de manera que podemos decir confiadamente: El SEÑOR es mi ayudador; no temeré Lo que me pueda hacer el hombre."*** También puedes decidir no recibir el daño y apartarte para que el Señor se encargue de ello.

Aquí hay más ejemplos de cómo puedes usar la espada del Espíritu y el escudo de la fe:

Enemigo: ¡Demasiadas tragedias han ocurrido en tu vida!

Tú: ***Pero fiel es Dios, que no os dejará ser tentados más de lo que podéis resistir.*** (1ra Corintios 10:13).

Enemigo: ¡Todo el asunto de tu fe es una mentira y una tontería!

Tú: Dios no es hombre, para que mienta (Números 23:19)

Enemigo: ¡Dios realmente no te ama!

Tú: ***Dios es amor. (1ra Juan 4:16). Porque de tal manera amó Dios al mundo, que ha dado a su Hijo unigénito, para que todo***

aquel que en él cree, no se pierda, mas tenga vida eterna. (Juan 3:16)

Enemigo: ¡No puedes confiar en Dios y la Biblia!

Tú: ***Bienaventurados todos los que en él confían.*** (Salmos 2:12)

Enemigo: ¡Dios ni siquiera puede ayudarte!

Tú: ***¿Hay para Dios alguna cosa difícil?*** (Génesis 18:14)

Enemigo: ¡Él no está interesado en tu vida!

Tú: ***Dios es quien despeja mi camino.*** (2da Samuel 22:33)

Contraataques del enemigo

Permanece en guardia en el área donde el enemigo entró a tu vida al principio. El diablo pondrá tentaciones delante de ti, especialmente en esa área donde un pecado específico fue la puerta de entrada. Pide a otros que oren por ti y te ayuden. Por eso es extremadamente importante que la fuente del problema / debilidad en muchos casos originado en el corazón sea tratado o darle una atención especial para protegerte.

Otro ataque común es cuando los demonios regresan para acosarte, tratando de convencerte que están operando en ti nuevamente como en el pasado. Sin embargo, el hecho es que ahora ellos están batallando contigo desde afuera queriendo entrar en ti. Desde el momento que aceptas y crees que ellos están dentro de ti, la puerta se abre y ellos han ganado la batalla. Por lo tanto, algunos demonios son excelentes habladores para intentar empezar una discusión contigo. ¡Ni siquiera empieces esa discusión con ellos! Expúlsalos sin compasión inmediatamente en el Nombre de Jesús.

Comunión

Esto me lleva a mi siguiente punto. Si estás en comunión (1ra Corintios 1:9 / 1ra Juan 1:7) con otros Cristianos y le pides a otros que te apoyen y te ayuden, entonces no te sentirás sólo en tu propia batalla especialmente después de tu liberación. Dos o tres soldados son más fuertes que uno.

Mentoría / Orientación

Esto viene a añadirse a la comunión. Es vitalmente importante si puedes encontrar a un cristiano maduro con quien puedas compartir tu progreso y tus luchas. Sin duda habrá preguntas que saldrán y necesitarás ser capaz de preguntar a alguien en quien confías. Esta es la forma más fácil de crecer y ser más fuerte. La situación ideal sería si pudieras encontrar a alguien.

La alabanza y agradecimiento a Dios

Cuando Jesús sanó a los diez leprosos solamente uno regresó para agradecerle. ¿Qué sucedió con los otros nueve? ¿Olvidaron al sanador? Pienso que hoy en día tenemos alrededor del mismo porcentaje. Si va bien 10% puede que agradezca y alabe a Dios. Aquí quiero atraer tu atención a Jesús habiendo notado al único leproso que regresó, diciendo: "***¿No son diez los que fueron limpiados? Y los nueve, ¿dónde están?"*** (Lucas 17:17). Jesús, sabiendo que el agradecimiento es para nuestro propio beneficio para la gloria de Dios, menciona el problema del corazón en el siguiente versículo donde leemos: ***"¿No hubo quien volviese y diese gloria a Dios sino este extranjero?"*** Jesús menciona claramente que cuando le agradecemos, lo glorificamos. Creo que es correcto agradecerle solamente a Él, especialmente si Él nos acaba de librar de las manos del enemigo.

La alabanza es también una de las herramientas más efectivas contra la depresión y un espíritu angustiado. Isaías 61:3 dice: ***"manto de alegría en lugar del espíritu angustiado."***

El nuevo testamento sólo habla de tres sacrificios, los cuales se esperan de nosotros:

1. En Romanos 12:1 presentar nuestros cuerpos como sacrificio vivo.

2. En Hebreos 13:16 "Y ***de hacer bien y de la ayuda mutua no os olvidéis; porque de tales sacrificios se agrada Dios."***

3. Y en Hebreos 13:15 ***"Así que, ofrezcamos siempre a Dios, por medio de él, sacrificio de alabanza, es decir, fruto de labios que confiesan su nombre."***

Nótese que normalmente un sacrificio no sale de forma natural. Algunas veces necesitamos esforzarnos para llevar una alabanza de sacrificio la cual puede ir en contra de nuestros sentimientos. Es mucho más fácil presentar nuestro catálogo de peticiones a Dios que alabarle.

Alabar a Dios es muy importante en el mundo espiritual, cambia la atmósfera y el enemigo no se siente cómodo en ella. Si alabas a Dios, te acercas a Él y como resultado, el enemigo no puede soportarlo. Santiago 4:8 dice: ***"Acercaos a Dios, y él se acercará a vosotros."*** Si Dios está cerca de ti entonces es más fácil ¡vencer las tentaciones y pelear contra el enemigo!

Alguien a quien le expulsé algunos demonios, me dijo que cuando saca el perro a pasear, (lo cual es donde los demonios se acercan a ella nuevamente queriendo entrar en ella) ella alaba a Dios. Tan pronto empieza alabar a Dios y cantarle, los demonios inmediatamente se alejan de ella.

La compañía correcta

Es muy importante estar con la compañía correcta. 1ra Corintios 15:33 nos enseña claramente, diciendo: ***"No erréis; las malas conversaciones corrompen las buenas costumbres."*** Es como si tuvieras una taza de frutas, frutas buenas y malas. La fruta buena no hace que la fruta mala se vuelva buena, pero la fruta mala hace que la fruta buena se vuelva mala. No podemos tomar esta ilustración uno a uno, pero necesitamos estar muy conscientes de que si nos juntamos con la gente equivocada fácilmente podemos caer en pecado y malos hábitos. Esto es más un problema si esas personas equivocadas fueron las que te ayudaron a abrirte al enemigo en primera instancia.

Conclusión

Sobre todo, básicamente es hacer lo que leemos en Romanos 12:2 ***"No os conforméis a este siglo, sino transformaos por medio de la renovación de vuestro entendimiento."*** No puedo enfatizar lo suficiente en que el adaptar la forma de cómo Dios piensa es la mejor protección contra todo lo que quiere regresar. Esto aplica particularmente al área de donde las raíces del problema se originaron.

Por ejemplo, si un espíritu de rechazo entra mientras la víctima inocentemente aún está en el vientre de su madre, y esa persona es liberada siendo adulta, entonces él / ella necesita prestar particular atención para renovar la mente en el área de rechazo. En la práctica se puede ver así: si esa persona con esa dificultad es ignorada totalmente en una situación en la que normalmente dolería emocionalmente, entonces él / ella necesitará tomar una decisión. Ya sea que el individuo lo acepte e invita el dolor de rechazo nuevamente o en vez de eso decir, "Soy amado por Jesús, no soy rechazado. Esta situación no puede lastimarme" ¿Qué sucedió aquí? La persona decidió renovar la mente adoptando actuar con la verdad de la palabra de Dios, en vez de expresar como él / ella se sentía. Una vez que ese patrón es ajustado a la palabra de Dios y la mente es renovada en esa área, entonces no hay posibilidad de que ningún espíritu de rechazo regrese. Es como cuando un fumador cambia su estilo de vida y empieza alimentarse sanamente en vez de fumar después que su cáncer ha sido removido exitosamente, entonces ahí el riesgo que el cáncer de pulmón regrese ha sido grandemente eliminado. En todo este proceso, confiamos plenamente en Dios y Su ayuda.

17 – Enfrentando el problema principal

"Sobre toda cosa guardada, guarda tu corazón; Porque de él mana la vida." (Proverbios 4:23)

Los problemas de la vida vienen del corazón. El corazón es el centro de nuestro ser. Todo viene del corazón. Si algo va mal en nuestra vida entonces puede ser identificado como un asunto en el cual nos fue mal en nuestro corazón. Ese es el lugar donde es creado el problema principal.

Podemos ver nuestro corazón como nuestra casa. Tenemos cuartos diferentes. En cada cuarto, algo puede estar mal. Si algo va mal, podemos atraer visitantes no deseados y problemas. Por ejemplo, si dejamos nuestra taza de frutas en la cocina demasiado tiempo al calor, algunas de las frutas se dañan. Después de unos cuantos días se pudren y poco después ves las moscas alrededor de la taza y en toda la cocina. La forma más efectiva de combatir las moscas de la fruta es eliminar las frutas podridas, primeramente. Esta es la causa original de estos visitantes no deseados. Una vez que hemos eliminado la causa, es fácil enfrentar a los invasores. Es exactamente lo mismo con los demonios. Una vez que la causa de atracción de demonios es eliminada, es fácil expulsarlos para que permanezcan fuera. Los demonios son solamente el problema secundario. Si enfrentamos el problema principal, (el cual es el problema del corazón) los demonios no regresarán. Las frutas podridas junto a las moscas se eliminarán. Es lo mismo en las leyes espirituales. Hay diferentes enfoques de cómo ministrar sanidad interior. Al final, solamente Jesús puede sanar internamente a la persona. Algunos lo harían de la siguiente manera en la práctica:

Digamos que un hombre llamado Frank está batallando grandemente con problemas de ira. Frank ha vivido con problemas de ira casi toda su vida y por lo tanto abrió la puerta al espíritu de la ira el cual intensifica las emociones aún mucho más y hace imposible que Frank la controle. Es como si el ADN cambiara y Frank fuera expuesto sin esperanza a una ira incontrolable. Es grandioso si expulsas al demonio de ira que hay en Frank, pero es mucho más grandioso si puedes encontrar dónde y porqué el problema original de ira empezó en el corazón. Después de unas cuantas preguntas descubres que cuando Frank tenía 12 años, su padre se fue y abandonó a su madre. En ese momento su ira empezó a crecer en contra de su padre y por consiguiente la desarrolló en contra de todos. Ahora necesitamos enfrentar el problema del corazón. Hay dos transacciones mayores a las cuales necesitamos darle lugar, sanidad interior y perdón. Conversar con Frank que tiene 45 años, pero llevarlo de regreso a su memoria a ese punto en el tiempo y hablar con ese niño de 12 años. Sé que puede sonar difícil y cruel, pero recuerda que la herida necesita ser descubierta y presentarla delante de Dios para que pueda sanarla (igual que una herida física necesita ser expuesta y limpiada antes que pueda sanar). Quizás derramará algunas lágrimas y se intensificarán las emociones. Entonces gentilmente invita a Frank a reconocer a Jesús el Dios de amor que ha estado ahí con él en esa situación muy dolorosa. ¡Él no estaba solo! Lo sabemos, porque la Biblia nos enseña que Dios es omnipresente. Él ha cuidado de él todos estos años. Invita a Frank a entregar todas sus penas y sus dolores a Jesús. Esto es tan importante que le entregue a Jesús todo esto porque no progresamos en la sanidad interior si las guardamos. Invítalo a recibir por fe la sanidad de Jesús. Luego pregúntale si es capaz de perdonar a su padre con la ayuda del Espíritu Santo, quizás más adelante necesites explicarle que el perdón no es un sentimiento si no un acto de voluntad y tampoco vamos a decir que el comportamiento fue aceptable. Después que Frank haya perdonado a su padre, lo cual usualmente es una transacción fácil después que hemos enfrentado el principal problema. Ahora no solamente ha eliminado las moscas de la fruta, sino que también la fruta podrida la cual era el principal problema.

Este es sólo un ejemplo. Hay cientos de diferentes escenarios, pero el mismo principio. También es importante saber que Dios no está atado a una cierta forma de sanar a una persona internamente. Lo único que probablemente permanece igual es la persona que necesite enfrentar primeramente el dolor, reconociéndolo y descubriéndolo y entregándoselo a Cristo. Este proceso es tan importante porque le estás entregando la situación a Jesús para que Él la enfrente. En efecto, es reconocer que Dios debe juzgar a esa persona y no yo. Al hacer esto algunas personas pueden encontrarlo útil al pensar que esa persona o esa situación estará en la lista de cosas que Dios debe hacer, y no en la mía. O que está en las manos de Dios, de modo que puedo dejarlas con Él. Ayuda saber que Él se encargara de eso, y no yo, una vez que hayan llegado a la conclusión que no fue Dios quien la causo, le pides a Jesús que sane a esa persona. No puedes esperar que la herida sane o desaparezca inmediatamente. Necesitas presentarla para asegurarte que sane.

Necesitamos hacer todo lo posible para guardar nuestros corazones porque ese es el lugar donde las cosas empiezan a ir mal.

Algunas veces, necesitamos romper los hábitos y los patrones de vida que pueden ser extremadamente difíciles e involucran una fiera batalla. Eso incluye re-ejercitar el músculo de la memoria (acción automática). Por ejemplo, si utilizamos la siguiente analogía: Me encantan los postres, el chocolate y el helado, quesos y yogures y muchas de esas cosas que son nocivas para uno. Cuando iba a una tienda automáticamente me dirigía donde estaban estos productos. Desarrolle el músculo de la memoria, me refiero a que si no tenía un propósito específico para lo que necesitaba comprar entonces me encontraba parado frente a estos productos ¡antes de darme cuenta de lo que estaba haciendo! Mis pies estaban programados a llevarme a esos productos.

Mientras tanto he cambiado todo mi estilo de vida alimenticio lo cual me tomo años hacerlo. Ahora pienso diferente. Al principio era difícil, pero ahora es mucho más fácil porque mis hábitos han cambiado de la misma manera que el músculo de mi memoria. Aún disfruto de estos productos, pero no tienen el control que solían tener sobre mí. De hecho, alguno de ellos ya no los como más. Muchas veces con la ayuda de Dios, necesitamos cambiar unos cuantos hábitos de vida, de modo que podamos mantener la victoria más fácilmente. En conclusión, siempre necesitamos mirar el panorama completo. No solamente queramos cortar el árbol hasta el tronco, sino que hagamos el trabajo correcto y arrancar el árbol de raíz.

18 – Cómo permanecer protegido

En última instancia, todo se reduce a saber quién eres en Cristo. (Si eres un cristiano nacido de nuevo). Si sabes y crees que eres un hijo o una hija del Dios Todopoderoso y caminas en Sus caminos entonces nada puede tocarte. Lucas 10:19 dice: ***"He aquí os doy potestad de hollar serpientes y escorpiones, y sobre toda fuerza del enemigo, y nada os dañará."*** ¡Nada significa nada en todo idioma! Si creemos en esto, aceptamos y aplicamos esta verdad a nuestra propia vida, tenemos la protección más poderosa que hay sobre este planeta tierra respaldada por Dios mismo. Por ejemplo, muchas personas intentaron asesinar a mi padre (quien es un misionero en África) por años en múltiples formas a través de la brujería y con otras herramientas físicas como veneno, cuchillo etc. Literalmente, nada funcionó en cada intento, el veneno no le afectó (***"…y si bebieren cosa mortífera, no les hará daño"*** Marcos 16:18*)*. En una ocasión, cuando un asesino estaba en camino a realizar su acto, tuvo un accidente en su camino y literalmente murió antes de poder asesinar a mi padre. En otra ocasión, el brazo con el cuchillo en la mano de la persona se le paralizó. Decenas y decenas de atentados con brujerías fallaron porque El que está de nuestro lado es mucho más grande y más fuerte que el enemigo. Tenemos que aguardarnos en Él y hacer de Él nuestro escudo (Salmos 91). En otra ocasión, cuando los demonios fueron enviados literalmente para destruir, un ángel resguardaba a mi padre y lo protegía. Ahí estuve literalmente en ese cuarto donde sucedió. Puedo contar muchas historias, pero la lección más importante de aprender aquí es el hecho que cuando creemos en Lucas 10:19 entonces este versículo puede llegar a convertirse en el escudo más poderoso que hay en el reino espiritual. También hay otros versículos muy poderosos en relación con la protección de maldiciones Proverbios 26:2 ***"Como el gorrión en su vagar, y como la golondrina en su vuelo, Así la maldición nunca vendrá sin causa."*** Eso significa que si crees que ninguna maldición puede tocarte y no le das ningún derecho al enemigo (por ningún motivo, miramos anteriormente) y alguien pone una maldición en contra tuya entonces esa maldición nunca será activada. Tu fe en Jesús te protegerá literalmente de cualquier ataque espiritual.

Otra forma poderosa, y que es muy fácil de realizar, es sencillamente proteger tu casa. Cuando liberamos a una mujer de muchos demonios, ellos aun entraban y salían de su casa como deseaban. Le instruí proteger su casa en el Nombre de Jesús. Dirigirse a la puerta y las ventanas de la casa y sellarlas con la sangre de Jesús diciendo algo así: *"En el Nombre de Jesús desde ahora en adelante ningún espíritu maligno puede entrar más a través de esta puerta/ventana. Sello cada entrada de esta casa con la sangre de Jesucristo. Cada espíritu el cual desea entrar como visitante permanecerá fuera. Bloqueo cada entrada a cualquier poder oscuro en el Nombre de Jesús"*

Después de eso inmediatamente las cosas se calmaron en su casa.

CAPÍTULO 7

Limpiando terrenos bajo maldición, edificios, etc.

19 – Limpiando terrenos bajo maldición, edificios, etc.

Esto puede parecer extraño para algunas personas, pero la tierra, las propiedades, los objetos y las organizaciones también pueden estar maldecidos. Las brujas, brujos, etc. pueden colocar maldiciones en edificios, incluso de generaciones pasadas. Sé de un cristiano que pasó la noche en un hotel. Una habitación de ese hotel era claramente espeluznante. Todos los huéspedes reportaban a la recepción por la mañana lo aterradora que era la noche. Le dieron esa habitación a mi amigo cristiano, pero él no sabía nada sobre su reputación. Él protegió la habitación en el Nombre de Jesús (como suele hacer) y por la mañana la gente de la recepción le preguntó cómo había sido la noche. Se sorprendieron mucho cuando dijo que había dormido bien. El poder de la sangre de Jesucristo es mucho más fuerte que cualquier maldición y poder de las tinieblas.

Estábamos lidiando con un caso en el que todo salió mal en la casa. La atmósfera era fría y deprimente. Problema tras problema era la norma, inmediatamente supimos que estábamos lidiando con una maldición. El Señor nos reveló que una bruja estaba involucrada y había enterrado una carta ocultista con maldiciones en la puerta principal de la casa. Cuando comenzamos a orar al respecto, el mundo espiritual se puso en alerta y las brujas se inquietaron. Rompimos la maldición de la casa y anulamos la letra ocultista enterrada con una oración. Eso se puede hacer desde cualquier distancia, ya que la distancia no importa en el mundo espiritual (estábamos a cientos de millas de distancia). El Señor reveló algunas cosas más de las que tratamos y, al final, consagramos toda la casa y la familia al Señor. La depresión fue instantáneamente levantada y la atmósfera cambió drásticamente desde ese momento en adelante. Todos los poderes de la oscuridad fueron expulsados en un momento.

En situaciones donde se están produciendo ataques de brujería activa, es muy importante después de que la casa esté limpia y libre, protegerla diariamente con la sangre de Jesucristo. Esto debe hacerse especialmente en las puertas y ventanas de la casa. Los demonios ocultistas, brujas, hechiceros, etc. son muy tercos y no se rinden tan rápido. Sin embargo, no hay nada de qué preocuparse, ya que estamos del lado ganador con Jesús, pero debemos aplicar Su sangre y usar la protección que Él nos ha proporcionado en esta guerra espiritual activa en la que estamos involucrados.

Hay una forma de limpiar terrenos, edificios, etc.:

1. Siempre es bueno tener al propietario legal contigo o tener su consentimiento para limpiar la tierra y romper las maldiciones. Si no están de acuerdo, aún puedes seguir adelante y unir los poderes oscuros, aunque es posible que estés limitado en el proceso. Como mi amigo mencionado anteriormente, no se vio afectado por la maldición, no significa, sin embargo, que la maldición haya sido eliminada por completo de esa habitación de hotel.

2. Descubra lo que le sucedió a la propiedad en el pasado. ¿Hubo alguna práctica de ocultismo, vínculos masónicos, violencia, actividades sexuales, actividad delictiva, etc.? Ponga las cosas en su lugar correcto, siempre que pueda hacerlo.

3. Elija perdonar a las personas que iniciaron estos pecados o fueron parte de ellos o causaron las maldiciones y hechizos sobre su propiedad. Hable en voz alta que los ha perdonado completamente. El mundo espiritual es muy consciente de lo que está sucediendo.

4. Mientras el dueño legal confiesa estos pecados de manera muy específica, mencionándolos por su nombre y arrepintiéndose de ellos, se puede asumir el perdón y abordar todo el asunto. Si

estos pecados han sido cometidos por otros, entonces confiesa y se arrepiente en nombre de esa o esas personas.

5. Declara ahora con referencia al reino celestial que tiene autoridad legal y espiritual en el Nombre de Jesús sobre todos los poderes de las tinieblas sobre su edificio. Luego rompes las maldiciones, los hechizos y cualquier operación demoníaca con una voz autoritaria en el Nombre de Jesús. Libera el edificio en el Nombre de Jesús y ordena a los poderes oscuros que se vayan y nunca vuelvan. Asegúrese de incluir los alrededores del edificio y todo lo que legalmente le pertenece. Dependiendo de la situación, puede hacerlo en cada habitación y caminando por el terreno, realizando este acto de autoridad, o puede hacerlo en general, tal vez tocando la esquina del edificio.
6. Luego, consagra el edificio completamente a Dios. Si lo desea, puede incluso ungir las cuatro esquinas con aceite y orar por ellas. Ore para que la presencia de Dios entre en su edificio y pídale al Espíritu Santo que llene cada habitación que le pertenece. Declare que ha hecho a Jesús Rey sobre su edificio y que lo somete a Su autoridad.
7. Luego, proteja todo el edificio en el Nombre de Jesús. Selle con la sangre de Jesucristo y asegure una defensa efectiva contra cualquier poder demoníaco.

A veces, Dios revela el estado del edificio en un proceso paso a paso para que todo el proceso no se pueda realizar en un solo momento. Sea sensible al Espíritu Santo y pídale a Dios que exponga la verdad y sea obediente actuando de acuerdo con lo que Él le está mostrando.

CAPÍTULO 8

Orando por Sanidad

20 – ¿Por qué es importante orar por Sanidad?

A menudo, la sanidad divina está en conjunción con la liberación y es posible que sea necesario enfocarse en ella después. Para mi sorpresa he descubierto que muchos sufrimientos y enfermedades se originan de una fuente demoníaca. Eso significa que la condición a menudo desaparece inmediatamente después que la persona ha sido liberada de cualquier demonización. Sin embargo, en algunos casos los demonios se van, pero el sufrimiento o la enfermedad permanecen. Hay dos explicaciones para esto. La primera es que la raíz de la causa no era demoníaca, sino que una enfermedad normal o un sufrimiento totalmente separado de cualquier influencia demoníaca. La segunda, la causa era demoníaca, pero por alguna razón el sufrimiento o la enfermedad permanecían. De cualquier manera, es importante orar por sanidad.

He visto muchas sanidades, incluso oídos sordos abriéndose después de décadas de estar sordos, pero también he visto a muchos que no fueron sanados. De ninguna manera estoy donde me gustaría estar y todavía me queda mucho espacio para crecer. Sin embargo, me gustaría compartir algunos pensamientos para inspirarte y ayudarte a crecer de forma natural a orar por la sanidad de las personas.

El primer problema el cual necesitamos establecer es que Dios está igualmente interesado en sanar, así como efectuar la liberación. Mi objetivo es mostrarte que el corazón de Dios quiere sanar. Hay muchos obstáculos que las personas tienen en forma de objeciones que los alejan de creer y orar por sanidad. Ahora mi intención es eliminar tantas objeciones como puedas tener en tu mente de modo que te sentirás libre en tu espíritu y tu corazón para orar con fe.

Una vez que sepas si la sanidad es la voluntad de Dios será mucho más fácil orar por las personas. A menudo, nos alejamos de orar por sanidad simplemente porque no estamos seguros si está en la voluntad de Dios sanar a esa persona. Este pensamiento reduce nuestro nivel de fe en gran medida. Cuando analizamos este problema más cuidadosamente, tenemos que buscar buenos argumentos los cuales reforzarían el pensar que Dios quizás no quiere sanar a esta persona. Al final, estamos buscando la prueba bíblica ya sea a favor o en contra de la creencia de que Dios quiere sanar.

Vamos a pensar en los argumentos más poderosos que he encontrado; aquellos que dicen que la voluntad de Dios no es sanar. En esta conexión hablan acerca de "mi experiencia." Es posible que éste sea el argumento más fuerte. Ellos dicen, en "mi experiencia" que Dios no siempre se ha dedicado a sanar. Está muy alejado de los versículos como:

"Recorría Jesús todas las ciudades y aldeas, enseñando en las sinagogas de ellos, y predicando el evangelio del reino, y sanando toda enfermedad y toda dolencia en el pueblo" (Mateo 9:35) (énfasis del autor)

Simplemente esto nos muestra que Jesús literalmente lidió con cada enfermedad y cada mal. "Mi experiencia" está muy lejos de esto. En este momento de comparación algo ocurre inmediatamente. El nivel de fe cae hasta el fondo. ¿Por qué mi fe disminuyó drásticamente cuando la Palabra de Dios está destinada a incrementarla? Romanos 10:17 nos enseña: "***Así que la fe es por el oír, y el oír, por la palabra de Dios.***" En el instante en que tu fe falla, inconscientemente ya tomaste dos decisiones:

1. Creíste en la Palabra de Dios. Eso fue la decisión correcta.
2. Después de eso no oíste lo que la palabra de Dios te estaba diciendo personalmente, pero en vez de eso estabas prestando atención a la voz equivocada. Esa voz vino de esa persona dentro de ti llamada "Mi experiencia." El problema era que esa voz era demasiado fuerte que ya no fuiste capaz de oír lo que la Palabra de Dios te estaba diciendo. Lo aceptaste como verdad y el resultado de ello fue la confusión inmediata y tu fe se evaporó.

Has puesto tu experiencia por encima de la Palabra de Dios y por lo tanto tu voz de experiencia fue mucho más fuerte y se convirtió en tu realidad una vez más.

Ahora la pregunta es, ¿cómo podemos hacer la voz de la "Palabra de Dios" más fuerte que la voz de "Mi experiencia"? El ingrediente más importante en esta receta es: **Tomar la decisión de creer en la Palabra de Dios más de lo que has experimentado hasta ahora en tu vida.** Recuerdo hace muchos años cuando tuve un terrible dolor de estómago. Estaba a punto de subirme a mi carro. Apenas había orado por otras personas en esa etapa y decidí comenzar con mi propio cuerpo. Me quedé en la posición donde más me dolía y puse mis manos sobre mi estómago. Tome la decisión de no creer en la fuerte voz de Mi experiencia. Oré algo así: "En el nombre Jesucristo te ordeno dolor de estómago ¡SAL! ¡En el nombre de Jesucristo VETE! continué orando de una forma similar de esa manera y conscientemente presté mucha atención a la Escritura ***"y por su llaga fuimos nosotros curados"*** (Isaías 53:5). La voz de Mi Experiencia empezó a desvanecerse y el poder de Isaías 53 más específicamente: ***"... y por su llaga fuimos nosotros curados"*** se volvió más fuerte. Al mismo tiempo, me di cuenta que el dolor de mi estómago rápidamente estaba disminuyendo. Seguí adelante y el dolor desapareció. Mi fe creció y me sentí feliz y victorioso.

¿Qué había sucedido exactamente? Este cambio de atención de Mi Experiencia cambió a la Palabra de Dios. Empezó por mi decisión consciente de honrar la Palabra de Dios más que mi propia experiencia. Haciendo eso me di cuenta como ***"la fe viene del escuchar."*** De repente pude escuchar la biblia más fuerte que Mi experiencia. Como resultado de eso pude experimentar lo que la Palabra de Dios estaba diciendo en primer lugar.

Creo que esto es una buena estrategia para promover el desarrollo en la fe hasta **"<u>curar cada enfermedad</u> y <u>cada mal</u>"** se convertirá en nuestra realidad. Todavía siento que estoy a millas de esto, pero mientras más silencio Mi experiencia, más la realidad bíblica se convierte en mi propia realidad. Todo se trata acerca de que realidad decidimos usar.

Otro argumento fuerte es "Mi propia creencia." Esto suena muy extraño al principio. ¡Por supuesto, todos tienen sus propias creencias! ¿Está mal esto? La respuesta es sencilla. Si tu propia creencia no coincide con la biblia, entonces está mal. Nuestra creencia es extremadamente poderosa. Las personas han hecho las cosas más locas imaginables debido a que creían en algo. Actuamos por lo que creemos. Hacemos eso sin pensar. Abrimos el refrigerador porque creemos que hay algo dentro. Vamos a trabajar porque creemos que al final del mes nos pagarán. Muchas acciones que llevamos a cabo pueden ser que se remonten a lo que creemos. La creencia tiene una fuerte influencia en lo que también respecta a la sanidad. La razón para eso es que ya has construido una creencia del sistema de tu propia doctrina de sanidad por lo que has escuchado en el pasado y has sido influenciado por otras personas a tu alrededor. Lo que hayas leído en el pasado ha dado forma a tu sistema de creencias. Básicamente tu fuente de información formuló tu propia creencia es: bíblica o no bíblica.

Veamos un incidente bíblico:

> ***"Cuando le conocieron los hombres de aquel lugar, enviaron noticia por toda aquella tierra alrededor, y trajeron a él todos los enfermos; y le rogaban que les dejase tocar solamente el borde de su manto; y todos los que lo tocaron, quedaron sanos" (Mateo 14:35-36) (énfasis del autor)***

¿Por qué estas personas tocaron la vestimenta de Jesús? Porque simplemente creían que, sí lo hacían, serían sanados. ¿Qué les hizo creer eso en primer lugar? ¿Cuál fue la historia de creencia en la doctrina de sanidad? ¿Qué los hizo tan seguros que, sí tocaban la vestimenta de Jesús, serían sanados? Lo más probable es que hubo dos grupos de personas. El primer grupo creía, debido a que simplemente vieron lo que había sucedido con la persona que recibió la sanidad ante sus ojos. El segundo grupo, consiste en aquellos que nunca lo han visto antes. Sin embargo, es posible que de antemano lo hayan escuchado de otros antes. Con esto regresamos a la Escritura ***"Así que la fe es por el oír, y el oír, por la palabra de Dios."*** (Romanos 10:17). Literalmente vino de la Palabra de Dios. A lo que me refiero es, ¿lo leyeron en la biblia primero? No necesariamente. Lo escucharon directamente de los labios de Jesús y lo leímos en Juan 1:14 que Jesús es la Palabra de Dios.

Si mi Propia Creencia dice que solo puedes ser sanado si todo tu pecado ha sido tratado, entonces esta creencia podría ser tu obstáculo para recibir sanidad. El hecho es, que no leemos que Jesucristo haya alguna vez respondido de esa forma. Si Mi Propia Creencia grita fuertemente con una voz religiosa "No es la voluntad de Dios que sea sanado porque Dios necesita primeramente esta enfermedad para dar forma al carácter" entonces es probable que tu creencia haya bloqueado tu fe. La verdad, sin embargo, es que Jesús nunca respondió de esa forma. Nunca dijo "esta enfermedad sirve para que llegues a ser más santo" Esta solamente fue la voz de mi creencia. Leemos:

"Y toda la gente procuraba tocarle, porque poder salía de él y sanaba a todos." (Lucas 6:19) (Énfasis del autor)

"Y cuando la gente lo supo, le siguió; y él les recibió, y les hablaba del reino de Dios, y sanaba a los que necesitaban ser curados." (Lucas 9:11)

¿Quizás es momento de desafiar todo lo demás que mi propia creencia proclama y ver si Jesús está de acuerdo con esa creencia?

21 – Pero yo no soy Jesús

Es posible que ahora digas que todo esto suena muy bien y maravilloso, pero el hecho es que "Yo no soy Jesús" Necesitamos responder esta parte esencial de la doctrina de sanidad como una de las piedras fundamentales por la cual el edificio completo podría colapsar más adelante.

Sabemos que Jesús sanó a todos los que se acercaron a Él y no rechazó a ninguna persona. También sabemos que Jesús llevó a cabo al 100% la voluntad del Padre, incluyendo sanidad y liberación. En Juan 6:38 Jesús dice: ***"Porque he descendido del cielo, no para hacer mi voluntad, sino la voluntad del que me envió."*** Esto nos confirma que también era la voluntad del Padre que todos recibieran sanidad. Ahora podríamos decir: "¡Pero Jesús era 100% humano y 100% Dios mientras Él estaba en la tierra! ¿No hace este mismo hecho la diferencia? Él era 100% Dios y nosotros ¡no!" Analicemos este argumento. Realmente estamos diciendo que "¿Dios duda sanar a través de nosotros, pero Él no dudó hacerlo a través de Jesús debido a que Jesús era Dios y nosotros no?" El corazón del Padre aún está dispuesto a sanar. Jesús nos ha enviado a hacer exactamente lo mismo (Mateo 10:18). Su deseo era sanar también ya que Él estaba unido al corazón del Padre. La pregunta es, ¿Ha cambiado Jesús de opinión 2000 años después o no? Lo sabemos en Hebreos 13:8 ***"Jesucristo es el mismo ayer, y hoy, y por los siglos."***, que Jesús no ha cambiado de opinión. Esto nos da la confianza que Él quiere sanar a las personas enfermas hoy en día, de la misma forma que lo hizo hace 2000 años. Cualquier otra creencia no se alinearía con el corazón de Dios.

Veamos otro versículo importante en Hechos 10:38 ***"Cómo Dios ungió con el Espíritu Santo y con poder a Jesús de Nazaret, y cómo éste anduvo haciendo bienes y sanando a todos los oprimidos por el diablo, porque Dios estaba con él." (Énfasis del autor)*** Aquí no dice que Jesús sanó a todos porque Él era Dios (aunque lo era y todavía es Dios). Dice que Jesús sanó a todos porque Dios estaba con Él. Y porque Dios está contigo y conmigo también, podemos hacer lo mismo, como nos prometió en Mateo 28:20 ***"y he aquí yo estoy con vosotros todos los días, hasta el fin del mundo."*** Dios ungió a Jesús para hacer estas obras y Jesús ungió a cada cristiano nacido de nuevo también como leemos en 1ra Juan 2:27 ***"Pero la unción que vosotros recibisteis de él permanece en vosotros."*** Es claro que Jesús quiere que caminemos sobre la tierra de la misma forma que El caminó en cada aspecto de Su vida. Así es como Él es más glorificado y no por la enfermedad. Aquí hay algunas Escrituras poderosas las cuales enfatizan esta verdad:

> ***El que dice que permanece en él, debe andar como él anduvo." (1ra Juan 2:6) (Énfasis del autor)***

> ***"En esto se ha perfeccionado el amor en nosotros, para que tengamos confianza en el día del juicio; pues como él es, así somos nosotros en este mundo." (1ra Juan 4:17) (Énfasis del autor)***

> ***"De cierto, de cierto os digo: El que en mí cree, las obras que yo hago, él las hará también; y aún mayores hará, porque yo voy al Padre. Y todo lo que pidiereis al Padre en mi nombre, lo haré, para que el Padre sea glorificado en el Hijo." (Juan 14:12-13) (Énfasis del autor)***

¡Anímate y ora para que el Espíritu Santo te cambie cada vez más y más a la semejanza de Jesucristo en cada área de la vida!

22 – Autoridad y poder sobre la enfermedad

Como hemos establecido en algunos aspectos esenciales en los últimos dos capítulos quiero extenderme un poco más sobre otro elemento clave. Necesitamos entender la autoridad que Jesús mismo nos ha dado. Leamos en Lucas 9:1 ***"Habiendo reunido a sus doce discípulos, les dio poder y autoridad sobre todos los demonios, y para sanar enfermedades."*** Sin embargo, la última parte del versículo claramente establece que tenemos la misma autoridad para curar enfermedades también. En otras palabras, se nos ha dado autoridad sobre enfermedades y males. Pero también veamos, es actuar bajo la autoridad para hacerlo, porque simplemente llevar a cabo el mandato de Jesús, así como lo dijo el centurión: ***"Porque también yo soy hombre bajo autoridad, y tengo bajo mis órdenes soldados"*** Mateo 8:9. Un rey tiene autoridad. Cuando el da una orden entonces usualmente es llevada a cabo de acuerdo a sus deseos. Si las personas deciden rebelarse contra ello entonces el rey puede hacer cumplir su ley por fuerza militar. Usualmente la autoridad que él tiene es suficiente, pero algunas veces usa un medio extra llamado "Poder Militar" la terminología bíblica es "exousia" (potestad / autoridad) y "dunamis" (fuerza / poder). Leamos en Lucas 10:19 ***"He aquí os doy potestad de hollar serpientes y escorpiones, y sobre toda fuerza del enemigo…" (Énfasis del autor)*** He presenciado sanidades instantáneas y graduales por teléfono. ¿Cómo sucedieron? Sucedió solamente por autoridad, porque le dije al sufrimiento o la enfermedad que se alejaran. Si eso no funciona entonces Dios nos ha provisto de un segundo medio llamado poder (dunamis). Esto es cuando tocas la enfermedad (o a la persona enferma), por ejemplo, la imposición de manos. El Espíritu Santo mora en ti y por lo tanto estás lleno de Su poder. Como resultado, el poder fluye fuera de ti y destruye al sufrimiento o la enfermedad. Aquí hay algunos ejemplos bíblicos:

> ***"Y dondequiera que entraba, en aldeas, ciudades o campos, ponían en las calles a los que estaban enfermos, y le rogaban que les dejase tocar siquiera el borde de su manto; y todos los que le tocaban quedaban sanos." (Marcos 6:56) (Énfasis del autor)***

> ***"… se le acercó por detrás y tocó el borde de su manto; y al instante se detuvo el flujo de su sangre." (Lucas 8:44)***

> ***"Y toda la gente procuraba tocarle, porque poder salía de él y sanaba a todos." (Lucas 6:19) (Énfasis del autor)***

Encontramos un versículo poderoso en Romanos 8:11 donde las verdades anteriores están en evidencia:

"Y si el Espíritu de aquel que levantó de los muertos a Jesús mora en vosotros, el que levantó de los muertos a Cristo Jesús vivificará también vuestros cuerpos mortales por su Espíritu que mora en vosotros." (Romanos 8:11) (Énfasis del autor)

El Espíritu Santo quien empoderó a Jesús, también te empoderará. Si la distancia está involucrada estás limitado a la autoridad solamente y si estás con la persona tienes ambos medios disponibles.

Siempre que expreses autoridad, es vital saber que realmente posees la autoridad. Si emites la misma orden a un país como lo hace un rey, entonces no sucederá nada, ya que no tienes la autoridad del rey. Si entras a una compañía y le das una orden a cada empleado, no sucederá nada, debido a que no estas a cargo de la compañía. Te falta la autoridad, debido a que no se te dio la autoridad sobre el país o la compañía. En segundo lugar, tu voz sonaría muy insegura y cobarde cuando das ese mandato o esa orden, debido a que eres consciente que no tienes nada que decir en ese país o esa compañía. Sin embargo, cuando se trata de sanidad, tienes mucho que decir, debido a que Jesús mismo te ha dado autoridad sobre la enfermedad y te dirigió para que lo lleves a cabo ***("Sanad enfermos, limpiad leprosos, resucitad muertos, echad fuera demonios; de gracia recibisteis, dad de gracia."*** Mateo 10:8*)* es un mandato de Jesús y él te ha dado la autoridad libremente. Podemos orar con confianza en unión con Él.

23 – Dos herramientas poderosas

Tenemos una poderosa historia en Mateo 15:21-28 del cual podemos aprender muchísimo:

"21 Saliendo Jesús de allí, se fue a la región de Tiro y de Sidón. 22 Y he aquí una mujer cananea que había salido de aquella región clamaba, diciéndole: ¡Señor, Hijo de David, ten misericordia de mí! Mi hija es gravemente atormentada por un demonio.

23 Pero Jesús no le respondió palabra. Entonces acercándose sus discípulos, le rogaron, diciendo: Despídela, pues da voces tras nosotros.

24 El respondiendo, dijo: No soy enviado sino a las ovejas perdidas de
la casa de Israel. 25 Entonces ella vino y se postró ante él, diciendo:
¡Señor, socórreme!

26 Respondiendo él, dijo: No está bien tomar el pan de los hijos, y echarlo a los perrillos.

27 Y ella dijo: Sí, Señor; pero aun los perrillos comen de las migajas que caen de la mesa de sus amos.

28 Entonces respondiendo Jesús, dijo: Oh mujer, grande es tu fe; hágase contigo como quieres. Y su hija fue sanada desde aquella hora."

¡Qué inusual situación después que hemos estado mirando el corazón de Dios el cual está dispuesto a sanar! ¡No puedes enfrentar algo más desalentador que lo que enfrentó esta mujer! Simplemente se acercó a Jesús para pedirle la sanidad de su hija. ¿Cuál fue la respuesta? ¡No hubo respuesta en lo absoluto! Esto era peor que un "no". Jesús (que era Dios) no respondió. Totalmente ignoró a la mujer. Es malo ser ignorado por tus amigos o tus padres, pero si eres ignorado por Dios tienes un gran problema. Ahora se pone peor. Jesús no solamente se negó a responder, sino que sus discípulos lo motivaban a deshacerse de ella. Literalmente, todo era contrario a lo que la mujer había imaginado. ¡La mayoría de nosotros llegaríamos a la conclusión que es obvio que esta petición no es la voluntad de Dios! Y esa conclusión nos haría rendirnos en la batalla. Si Dios dijera, "No" entonces ¿Quién soy yo para continuar? sería la conclusión a la que llegaría la mayoría de nosotros. ¡Pero no la mujer de Canaán! ¡Me cae bien esa mujer! Ella tenía una terquedad saludable. Ahora notemos los dos medios que utilizó en esa batalla por su hija.

Era perseverancia y humildad. Ella continuó con mucha perseverancia después de todos los desánimos que había recibido. Entonces ella progresó de ser ignorada, a un aparente rechazo de Jesús. Al menos ahora ella escuchó una respuesta: ***"No fui enviado, sino a la oveja perdida de la casa de Israel."*** ¿Afectó eso a la mujer? ¡Ni un poco! Fue entonces que ella utilizó un segundo medio muy efectivo a su disposición llamado "humildad" Ella era una madre muy humilde a como lo indicó su inmediata adoración a Jesús: ***- entonces ella llegó y lo adoró, diciendo, "¡Señor, ayúdame!"*** Pidió ayuda con una actitud de adoración. ¿Habríamos tenido nosotros ganas de realizar un acto de adoración en aquel momento? Luego, se escuchó a si misma identificándose con un perro. Su humilde espíritu no se ofendió. En otras palabras, Jesús le explicó que la sanidad y la liberación solamente eran para los judíos. La mujer, sin embargo, llena de fe, indicó que las migajas son comidas para los perros. Ella no podía humillarse a sí misma más que eso. Esto fue un momento crucial. Después de eso todo adquirió una nueva dimensión. Para empezar, la misma persona divina que la ignoró antes ahora dice: ***"¡Oh mujer, grande es tu fe! ¡Hágase contigo como quieres!"*** ¡Qué poderosa victoria y gran cambio! En aquel momento algo poderoso ocurrió en su casa. La hija fue sanada. La mujer se alejó con verdadera seguridad a través de su mucha perseverancia y humildad para lograr la sanidad.

La pregunta ahora se puede plantear: ¿Cambio Dios de opinión por decir primero "No" y luego "Si"? Dios no cambio de opinión Santiago 5:12 dice: "***sino que vuestro sí sea sí, y vuestro no sea no, para que no caigáis en condenación."*** Jesús nunca dijo "no" en primer lugar, pero habría sido fácil de interpretarlo como un "no" debido a nuestra teología adoptada, a nuestro orgullo o falta de perseverancia. En el camino de la cruz la sanidad y la liberación ahora no son solamente para los judíos, sino que también para los gentiles. Eso significa, si la mujer sirofenicia recibió sanidad para su hija cuando legalmente no tenía ningún derecho antes de la cruz, cuanto más para nosotros hoy en día también después de la cruz.

Dios ama a las personas persistentes. Así está confirmado en el uso que Jesús hace de un ejemplo en Lucas 11:5-8:

> ***"Les dijo también: ¿Quién de vosotros que tenga un amigo, va a él a medianoche y le dice: Amigo, préstame tres panes, porque un amigo mío ha venido a mí de viaje, y no tengo qué ponerle delante; y aquél, respondiendo desde adentro, le dice: No me molestes; la***

puerta ya está cerrada, y mis niños están conmigo en cama; no puedo levantarme, y dártelos? Os digo, que aunque no se levante a dárselos por ser su amigo, sin embargo por su persistencia se levantará y le dará todo lo que necesite." (Énfasis del autor)

Recuerdo orar muchas veces por alguien y nada sucedía. Era un poco incómodo ya que seguía preguntando si podía orar por él otra vez. Titubeantemente me permitió continuar con mi oración probablemente pensando que si no sucedía nada entonces una oración más tampoco haría alguna diferencia. Sin embargo, cuando oraba "otra vez" un cambio inmediato ocurría. A veces la perseverancia vale la pena.

24 – Tener fe en nombre de alguien más

Hay otra notable lección para nosotros en la historia de la mujer de Canaán/ Sirofenicia. ¿Qué le dijo a Jesús exactamente cuándo pidió sanidad por su hija? Ella dijo: ***"¡Ten misericordia de mí, oh Señor, Hijo de David!"*** La mujer no estaba enferma pero su hija si, y aun así dijo: ***"Ten misericordia de mí."*** (Énfasis del autor). Podemos acercarnos a Dios y actuar en nombre de otros. El dolor de su hija llegó a ser el suyo también. Muchas veces, las personas necesitadas no pueden o no son capaces de orar por ellos mismos cuando se trata de sanidad y liberación. Los niños entran especialmente en esta categoría.

Esta situación confirma que podemos tener fe en nombre de otra persona. La mujer tenía fe en nombre de su hija. Mateo 15:28 dice: "***Entonces respondiendo Jesús, dijo: ¡Oh mujer, grande es tu fe!"*** En esto se refirió a la fe de la madre y no a la de la hija. Hay más relatos en la Biblia los cuales nos enseñan este principio. Por ejemplo, cuando los cuatro hombres llevaban a su amigo paralítico en una camilla a Jesús. Claramente dice: ***"Al ver Jesús la fe de ellos"*** (Marcos 2:5) *(Énfasis del autor)* no era la fe de la persona enferma sino la fe de sus amigos. Los cuatro hombres tuvieron fe por el amigo paralítico. Sin embargo, un ejemplo más obvio se evidencia cuando Jesús resucitó a Lázaro de entre los muertos. ¿De quién fue la fe? Por supuesto no era la fe de Lázaro, ya que estaba muerto. Era la fe de Jesús (Juan 11:43).

Esto demuestra que bajo ninguna circunstancia debemos culpar la fe del enfermo cuando no recibe su sanidad. Muchas veces, las personas enfermas son culpadas por su incredulidad lo cual personalmente me entristece.

Si, por supuesto, si la persona tiene fe entonces la sanidad probablemente ocurra. Recuerdo una situación cuando oraba por una mujer y ella recibió su sanidad de inmediato, supe en aquel momento de quien era la fe. No la mía, si ambos creen, aún mejor. Personalmente espero que aquel que ore por la persona enferma asuma una actitud más responsable. Con eso no quiero decir que, si la sanidad no ocurre, la persona que ora debe culparse a sí misma. Si no sucede, ponemos la carga emocional sobre Jesús, pero no culpemos a la persona enferma por ello. Cuando nada sucedía cuando oraba varias veces por alguien, indicaba que si Jesús hubiera estado allí la persona enferma habría sido sanada. Con esa declaración claramente indico que aún era la voluntad de Dios que él se sanara. Mi falta de fe se interpuso en el camino. No llegue a la conclusión que Dios quería que esa persona permaneciera enferma ni tampoco me culpo de que el milagro no ocurrió. En la realidad estamos aprendiendo y creciendo juntos.

Este ejemplo también nos enseña que, en el reino espiritual la fe, la sanidad, y la liberación no están restringidos por la distancia.

25 – Cómo orar por sanidad

Es importante saber que Jesús nunca le oro al Padre de la siguiente forma: "Por favor, cura a este hombre", o "por favor, libera a esta mujer de su demonio." Siempre le dio una orden al demonio de alejarse o le hablo directamente a la enfermedad o a la persona enferma. Necesitamos aprender de Jesús nuestro gran ejemplo en todo en la vida y hacer lo mismo. Algunas personas utilizan otro principio utilizado por Jesús y solo agradecen a Dios por la sanidad, refiriéndose a su obra realizada. No hay ningún patrón de oración, pero para darte un ejemplo puedes comenzar así: "En el Nombre de Jesús, dolor de estómago sal y que todo el sistema digestivo sea totalmente restaurado, permito que el poder de sanidad de Jesucristo fluya dentro mi estómago y declaro que todo el sistema digestivo sea completamente sanado por la sangre de Jesucristo." O simplemente puedes declarar verdad sobre el estómago diciendo: "Por las llagas de

Jesucristo este estómago está completamente sanado y el sistema digestivo empieza a funcionar correctamente al 100% otra vez. Te agradezco SEÑOR que con tu sangre hayas pagado para que este estómago sea sanado." Básicamente le ordenas a la enfermedad o al sufrimiento que se vayan y que la causa de ello sea sanado y restaurado por un orden declarando directamente al problema o agradeciendo a Dios por el resultado el cual claramente defines aplicando la verdad de Isaías 53:5 ***"y por su llaga fuimos nosotros curados"*** u otras Escrituras de sanidad.

Si Dios te dio la orden de hacer algo, entonces no necesitarías pedirle que haga el trabajo. Él te dio el trabajo. Eso significa que no deberíamos devolverle el trabajo a Dios. Puedes pedirle a Dios que te ayude y te equipe, eso es totalmente diferente. La Biblia dice en Mateo 10:7-8 ***"Y yendo, predicad, diciendo: El reino de los cielos se ha acercado. Sanad enfermos, limpiad leprosos, resucitad muertos, echad fuera demonios; de gracia recibisteis, dad de gracia."*** Si hemos recibido gratis, eso significa que no hemos trabajado para conseguir esto en oración o en otra forma. Fue sin costo alguno. Si oras por el enfermo con esa actitud entonces tu fundamento por la sanidad recae 100 % en que Jesús ha hecho y por lo tanto esa persona probablemente puede ser sanada. Nunca confíes en cuan santo eres o cuanto has orado o ayunado, etc. Confía en las llagas de Jesús. Después de que Pedro y Juan oraron por el paralítico dijeron: "***¿por qué os maravilláis de esto? ¿o por qué ponéis los ojos en nosotros, <u>como si por nuestro poder o piedad hubiésemos hecho andar a éste?</u>*** (Hechos 3:12) (énfasis del autor) Nunca confiemos en nuestra propia santidad o en cualquier mérito, sino 100% por lo que Jesús pagó. En realidad, no tiene nada que ver con nosotros, lo que sucede es que Dios nos ha elegido como instrumento en Su mano.

26 – El aspecto más importante del ministerio de sanidad es el amor

El capítulo de 1ra Corintios 13 termina con estos poderosos versículos: ***"Y ahora permanecen la fe, la esperanza y el amor, estos tres; pero el mayor de ellos es el amor."*** Por supuesto, sabemos que esto se refiere a cada aspecto de nuestra vida cristiana, pero algunas veces olvidamos que también esto se refiere mucho al ministerio de liberación y sanidad. Iría muy lejos en decir que "ser dirigido por amor" es más importante que el resultado de nuestra oración de sanidad. Gálatas 5:6 explica que "la fe es trabajar a través del amor" Es impresionante que la Palabra de Dios conecta la fe con amor. También sabemos que "amar a tu prójimo" es el segundo mandamiento más importante. Hagamos siempre del amor el motivo de nuestra liberación y oración de sanidad como nuestra prioridad. ***"El amor nunca deja de ser."*** (1ra Corintios 13:8) incluso si la persona enferma permanece enferma.

El amor es como un motor, si eres conducido por él, puedes ir mucho más lejos que sin él. He tenido casos donde luché en oración durante un largo tiempo por las personas y me habría rendido si el amor no hubiera sido mi motivo. Especialmente cuando ministras a personas que no conoces y es posible que no tengas ninguna conexión emocional a esa persona, entonces es importante ser llenado con el divino amor del Espíritu Santo.

"Pero os ruego, hermanos, por nuestro Señor Jesucristo y por el amor del Espíritu, que me ayudéis orando por mí a Dios." (Romanos 15:30) (Énfasis del autor)

¡Estas son preciosas personas creadas a la imagen de Dios y amadas por nuestro Padre Celestial! Queremos cuidar de ellas. Si fuéramos ellos, entonces también amaríamos a alguien que nos ministrara en amor y que no solo nos trate como un número más.

En Mateo 25:36 Jesús se refiere a un evento futuro cuando declarará las siguientes palabras: ***"estuve enfermo, y me visitasteis"*** ¿Qué significa en nuestro contexto? Esto claramente nos asegura que incluso si la persona por la que hemos orado no recibió su sanidad no estamos condenados por la falta de nuestra fe, sino que se nos ordena por Jesús mismo cuidar de esa persona en amor.

27 – Somos embajadores en este mundo

Un embajador es un representante autorizado de su propio país en otro país. Vive en ese país extranjero y representa su propio gobierno. Los embajadores son nombrados para tareas específicas y tienen una misión temporal. Este es exactamente el ejemplo del trabajo de cada cristiano. Estamos autorizados por Jesús mismo y somos nombrados a realizar diferentes tareas. Leamos: ***"Por tanto, id, y haced discípulos a todas las***

naciones" (Mateo 28:19) La misión y tarea de un embajador es hacer discípulos. A veces, tienen que suceder muchas cosas antes que alguien se convierta en un discípulo, como predicar evangelio en amor, liberarlos y ministrarles sanidad. Todos estos pasos llevan a la meta final que es "hacer discípulos." Básicamente nos reconciliamos con las personas de un país extranjero en el que vivimos llamado "mundo" con el país "Cielo" al cual pertenecemos. 2da Corintios 5:19 dice: ***"… y nos encargó a nosotros la palabra de la reconciliación."*** Esta es una tarea temporal y dura solamente mientras vivamos en este país extranjero. Nuestro verdadero hogar es el Cielo. Jesús dice acerca de sus hijos: ***"…porque no son del mundo, como tampoco yo soy del mundo."*** Juan 17:14

Todos los cristianos nacidos de nuevos son verdaderos embajadores y necesitan tomar su misión muy seriamente. ¡Esto es una tarea altamente priorizada y urgente! La Biblia dice: ***"Así que, somos embajadores en nombre de Cristo, como si Dios rogase por medio de nosotros; os rogamos en nombre de Cristo: ¡Reconciliaos con Dios!"*** 2da Corintios 5:20.

Cada embajador también necesita asegurarse que representa a Jesús moral y doctrinalmente. Siempre necesita estar en guardia por cada aspecto de su vida. Buscando santidad y llegar a ser como Jesús es lo más importante de esto ***("Seguid la paz con todos, y la santidad, sin la cual nadie verá al Señor."*** Hebreos 12:14***).*** Por supuesto que esto es posible solamente a través del Espíritu Santo de lo contrario estamos intentando complacer a Dios en la carne la cual puede convertirse en un ejercicio religioso. Si practicamos el segundo mandamiento (***"¡Amarás a tu prójimo como a ti mismo!"*** Mateo 22:39) y tenemos amor y compasión en nuestros corazones somos buenos embajadores. Si luchamos en esta área entonces oramos a Dios sinceramente para que te brinde amor y compasión a través del Espíritu Santo. ¡Los embajadores celestiales nunca están solos! Jesús prometió a cada embajador que siempre estará con ellos en ese país extranjero hasta que finalmente sean llamados a su Hogar Celestial ***("Enseñándoles que guarden todas las cosas que os he mandado; y he aquí yo estoy con vosotros todos los días, hasta el fin del mundo. Amén."*** Mateo 28:20*).*

Cuando estas involucrado en la liberación y sanidad entonces siempre debes estar consciente que Jesús está literalmente contigo. Tienes Su autoridad de hacer este trabajo ya que él es quien te ha nombrado para ello en primer lugar.

28 – Palabras finales sobre la sanidad

En vista de todo lo que ha sido dicho – ¿Dónde entran los doctores y la medicina en todo esto? A veces las personas no están seguras si actúan en incredulidad cuando se toman su medicina. ¡Ante todo, agradece a Dios por los doctores! Creo que puedes tomar tu medicina y confiar en Dios al mismo tiempo sin compromiso. Las personas han muerto, debido a que dejaron de tomar su medicina como acto de fe. Deja que el Espíritu Santo obre. Cuando oras por sanidad o alguien ora por ti, entonces deja de tomar medicina cuando tu sanidad sea confirmada e incluso puedes ir al doctor para confirmarlo. Es así de sencillo. No estoy diciendo que no hay lugar para dejar de tomar tu medicina con fe. ¡Necesitamos dejar que el Espíritu Santo lo resuelva, pero nunca seas tonto en el proceso! Si la sanidad no es activada, entonces es mejor continuar tomando la medicina y utilizar el tiempo para crecer en fe y recibir la sanidad divina posteriormente, ¡en lugar de morir en una fe bien intencionada! Para terminar, recuerda que la Palabra de Dios es la línea que nos guía, no nuestra experiencia. Espero que esto te ayude a sentirte completamente cómodo y libre de orar por el enfermo sin dudas, y crecer en fe.

CAPÍTULO 9

Palabras finales

29 – Palabras Finales

Algunas veces, liberar a alguien puede ser como pelar cada capa de una cebolla hasta que todo sea quitado. Algunas cosas pueden durar mucho más tiempo y algunas pueden hacerse rápidamente. Esta es una razón del porque recurriría al cuerpo de Cristo para buscar los dones de ***"discernimiento de espíritus"*** (1ra Corintios 12:10) y ***"palabra de sabiduría"*** (1ra Corintios 12:8) las cuales pueden acelerar considerablemente el proceso de liberación y sanidad interior. También lo hace mucho más fácil. Además, es un gran amparo contra todo engaño el cual se puede esperar que aumente en estos últimos días.

He escuchado de alguien a quien ministré, que me dijo que había estado en varias reuniones cristianas donde literalmente un espíritu satánico estaba operando por uno de los supuestos "Cristianos." Esa persona era un infiltrado del enemigo y estaba involucrado en el ocultismo y cuando impuso sus manos sobre las personas y oró, la persona por la cual estaban orando se endemonió. Nadie sospechó que había sido así hasta que se les había hecho demasiado daño a las personas, aún en ese momento, muchos no creían que era posible que los cristianos fueran afectados de esa forma. Esta fue una de las razones por la cual se acercó a mí en busca de liberación.

Mi consejo es que te apegues lo más cerca posible a la Palabra de Dios como puedas. ¡Esta es nuestra luz, nuestra seguridad y nuestro último amparo! ***("Lámpara es a mis pies tu palabra, Y lumbrera a mi camino."*** Salmos 119:105)

30 – Conclusión

La forma más efectiva en el ministerio de liberación no solamente es asegurar la libertad espiritual para las personas, sino que eliminar cada punto de entrada legal y tratar con los problemas del corazón, el cual es la raíz de cada punto de entrada legal. Una vez que una persona es verdaderamente libre, es muy importante explicarle a esa persona que no es solamente de sentirse mejor y disfrutar una vida de libertad, sino que se trata de heredar el destino que Dios tiene planeado para ti. Efesios 2:10 nos enseña: ***"Porque somos hechura suya, creados en Cristo Jesús para buenas obras, las cuales Dios preparó de antemano para que anduviésemos en ellas."*** Dios creó a cada ser humano para un propósito específico y quiere que sigamos su plan original para nuestras vidas. Una vez que eres libre de las ataduras, maldiciones y demonios, puedes crecer en los propósitos de Dios. Cuando haces eso, no solamente has encontrado las llaves de la libertad, sino que también puedes disfrutar verdaderamente una vida satisfactoria y feliz.

31 – Hacer de Jesús tu Señor

Si ahora entiendes la gran batalla que está pasando en este mundo y te das cuenta que aun estas del lado equivocado, entonces ahora es el momento adecuado en tu vida de cambiar de lado, de dejar al príncipe de este mundo (satanás) y hacer de Jesús Rey de tu vida; el Único que ha pagado en la cruz por tus pecados con Su propia sangre a fin de limpiarte de todos los pecados que has cometido y te ha guardado para la eternidad. A través de su sangre, todas las consecuencias y utilidades eternas de tus pecados pasados serán destruidos y anulados ***("Al que nos amó, y nos lavó de nuestros pecados con su sangre…"*** Apocalipsis 1:5***)***. Si quieres eso, entonces ora como en la siguiente oración con todo tu corazón y Jesús te salvará instantáneamente:

Señor Jesucristo, sé que he pecado de pensamientos, palabras y acciones. Hay muchas cosas buenas que no he hecho. Hay muchas cosas malas que he hecho.

He... (ej. he estado enojado, he sido egoísta, he dicho mentiras, he tenido pecados sexuales, he traicionado, he lastimado, etc.) De verdad lo siento mucho por mis pecados y quiero apartarme de todo lo que sé que es malo.

Me doy cuenta que mis pecados me han separado de ti. Por favor perdóname y límpiame de todos mis pecados. Entregaste tu vida por mí sobre la cruz. En agradecimiento entrego mi vida a ti.

Ahora te pido que entres a mi vida como salvador personal. Entra como mi Señor y hazme Tu hijo. De ahora en adelante quiero seguirte y hacerte el Rey de mi vida.

Pongo mi plena confianza solo en Ti y solamente en Tu justicia y no más en las buenas obras ni en las acciones que he hecho.

Te agradezco desde lo más profundo de mi corazón que me has salvado y perdonado. ¡AMÉN!

Lista de términos ocultistas:

Antes que pases a esta lista, me gustaría indicar que cada asunto está sobre una escala diferente de peligro y daño. Como hay muchas serpientes, algunas son muy venenosas y mueres prácticamente de inmediato y otras son menos venenosas, aun así, puedes resultar lastimado gravemente. El hecho es que, si una te muerde, ya has sido mordido. ¡Recomendaría grandemente mantenerse alejado de todas ellas, todo el tiempo!

(Esta lista no está de ninguna manera completa.)

Acupuntura, alquimia, amuletos, cruz egipcia, apotropaico, apariciones, proyección astral, plano astral, astrología, augurio, aura, escritura automática, avatar, signos de nacimiento, piedras de nacimiento, artes negras, magia negra, misa negra, suscripción de sangre, cartomancia, cadena de letras, chacra, canalización, encanto, clariaudiencia, clarividencia, cleromancia, cromoterapia, conjuración, aquelarre, contemplación de bolas de cristal, cristales para curar, maldición, magia de muerte, déjà vu (pensar que has visto o experimentado una situación o lugar antes, aunque sea físicamente imposible), adoración de demonios, adivinación, vara de adivinación, radiestesia, druida, ectoplasma, encantamiento, mal de ojo, percepción extrasensorial, fetiche, caminar sobre el fuego, encanto popular, adivinación, grimorios (un libro de hechizos mágicos e invocaciones), imaginería guiada, música rock, heavy metal, hepatoscopia, maleficio, hexagrama, homeopatía, horóscopos, latones de caballo, hidromancia, hipnotismo, ídolos, íncubo, iridología, maldición, juju, cábala, karma, levitación, líneas ley, libación, iluminado eromancia, amuletos de la suerte, pulseras con dijes, mago, mándala, mantra, artes marciales, médiums, mesmerismo, control mental, metafísica, atención plena- mindfulness, lectura de la mente, ciencia de la mente, mojo, moonmancy, creencias de la madre tierra, creencias de la diosa madre, motorskopua, misticismo, nigromancia, neopagano, nueva era, símbolos de la nueva era, numerología, Obeah u Obi, literatura oculta, símbolos ocultos, om, presagios, tablero ouija/ güija, quiromancia, creencia en el panteísmo, paraquinesia, parapsicología, péndulo, pentáculo, pentagrama, frenología, fisonomía, planchette, poltergeist, creencia en politeísmo, precognición, premonición, nacimiento psíquico, curación psíquica, visión psíquica, psicometría, punk rock, piramidología, reflexología, curación Reiki, reencarnación, visión remota, rolfing, satanismo, adivinación, sesiones de espiritismo, chamán, cambio de forma, brujería , viaje del alma, hechizo, guía espiritual, espiritismo (espiritismo), estafa, estigmas, supersticiones, magia simpática, propina de mesa, talismán, tantra, tarot, lectura de té, telequinesis, telepatía, toque terapéutico, teúrgia, tercer ojo, magia blanca, meditación trascendental, trance, translocación, transmigración, vudú, varita mágica o vara de explosión, wicca, yoga, zodíaco.

Lista de algunas prácticas médicas alternativas con peligro potencial:

Aquí otra vez me gustaría dar algunas ideas antes que pases a estos términos. Muchos remedios y sus principios son originalmente dados por Dios para el bienestar y la sanidad de los seres humanos. Son buenos y no son peligrosos en lo absoluto. El enemigo los conoce y se ha aprovechado de ello alterando los remedios originales añadiéndoles una peligrosa consecuencia espiritual a fin de seguir sus objetivos los cuales hemos discutido en este libro. Eso significa que algunos de los siguientes términos pueden ser útiles de verdad si están totalmente separados de sus prácticas espirituales. Sin embargo, la mayoría no pueden ser separados de las consecuencias espirituales y por lo tanto son peligrosas. Te recomendaría altamente te mantengas alejado de ellas para asegurar tu seguridad y protección personal.

Te doy un ejemplo de una forma de peligro más leve:

Dos ancianas cristianas devotas, quienes tuvieron gran dificultad en sus vidas de oración fueron aparentemente sanadas por medicina homeopática. Más tarde se descubrió que las dos señoras habían recibido la misma medicina de un médico antes. Pero esa medicina no funcionó en lo absoluto. Era obvio que no era la medicina, que los ayudó, sino la aplicación espiritual detrás de ello. Las dos señoras se arrepintieron y le pidieron a Jesús que las perdonara. Después de eso, Dios las liberó y todas las dificultades que experimentaron se acabaron.

(Un doctor alemán Samuel Ch. F. Hahnemann fue el fundador de la homeopatía. Cree que recibió la sabiduría de ello por una revelación de poderes celestiales. Uno de los homeópatas prominentes declaro abiertamente que solo el 3% está basado en la medicina natural.)

(Esta lista no está de ninguna manera completa.)

Acupresión, Acupuntura, Alopatía, Aromaterapia (los aceites naturales en sí mismos no son el problema, es cuando se utilizan en el contexto de la aromaterapia pensamientos originales del equilibrio de armonía entre cuerpo y mente o cuando te sometes a un Aroma terapeuta), Apego terapia, Aurasoma, Entrenamiento autógeno y autosugestión, Ayurveda, Remedios florales de Bach, Método Bates, Terapia de quelación, Medicina china, Ciencia cristiana, Terapia del color o cromoterapia, Terapia con cristales, Curadores de fe (no cristianos), Terapia de esencias florales, Imágenes guiadas, Herboristería, Herbología, Homeopatía, Hipnoterapia, Iridología, Jin Shin Jyutsu, Estilo de vida macrobiótico, Sanación magnética, Intuición médica, Meditación (por supuesto, nos referimos a la meditación no cristiana), Medicina naturopática, Medicina de la Nueva Era, Terapia de vidas pasadas, Terapia de polaridad, Sanadores psíquicos Cirugía psíquica, Sanación piramidal, Qigong, Toque cuántico, Radiestesia, Renacimiento, Reflexología, Reiki, Rolfing, Shiatsu, Sofrología, curación espiritualista, tantra, toque terapéutico, algunas prácticas de medicina tradicional china.

www.advbookstore.com

www.ingramcontent.com/pod-product-compliance
Lightning Source LLC
LaVergne TN
LVHW020648100826
845148LV00012B/2388
* 9 7 8 1 5 9 7 5 5 6 3 3 0 *